Génération | pro
niveau | intermédiaire

Trainingsbuch

von
Isabelle Darras
Dieter Kunert

Ernst Klett Verlag
Stuttgart · Leipzig

Génération pro | niveau intermédiaire
Trainingsbuch

von
Isabelle Darras, Pont de Vaux
Dieter Kunert, Berlin

Bildquellennachweis

Agence BIO, Montreuil-sous-Bois: **34.1**; Alamy Images, Abingdon, Oxon: (Johnny Greig) **24.3**; Bananastock, Watlington/Oxon: **U1.2**; Corbis, Düsseldorf: (Owen Franken) **U1.12**, (T & L/BSIP) **64.3**; Fotolia LLC, New York: (Beatrice Prève) **43.2**, (Cachaco) **34.2**, (Inacio Pires) **34.3**, (Lightpoet) **64.5**, (Manu68) **84.3**, (Marta) **73.3**, (Nimbus) **33.3**, **39.2**, (PavelSh) **63.2**, (Rimglow) **34.6**, (Stephen Orsillo) **83.1**, (Synto) **84.2**, (Tilio & Paolo) **34.7**; Getty Images, München: **24.4**, **33.1**, **83.3**, (David Young-Wolff) **24.2**; Image Source Ltd (Imagesource), Soho, London, W1F 9NZ: **73.1**; Imago, Berlin: **U1.7**, **U4.5**, (Steffen Schellhorn) **63.1**; Ingram Publishing, Tattenhall Chester: **U1.6**; iStockphoto, Calgary, Alberta: (Aldra) **45.3**, (Bernard Maurin) **14.1**, (Charles Silvey) **U4.12**, (Chris Brink) **U4.1**, (Craftvision) **55.1**, (dirkr) **U1.1**, (Jeffrey Smith) **64.4**, (Maciej Noskowski) **52.1**, (naturaledge) **U1.11**, (Sharon Meredith) **U1.9**, (Tetra2000) **U4.7**, (Thomas Voss) **U1.10**; Kessler-Medien, Saarbrücken: **U1.4**; Keystone, Hamburg: (Jochen Zick) **U4.6**, (Volkmar Schulz) **18.1**; Klett-Archiv, Stuttgart: **64.1**, (Patrick Dembski) **23.1**, (Edouard Hannoteaux) **3.1**, (Heise, Wuppertal) **34.4**, (Dr. Hildebrandt) **84.1**, (Info-Zentrum Schokolade (Leverkusen) **U1.3**, **39.1**; La voix du nord, Lille: (Jean-Michel Kasprzak) **53.1**, **53.2**; laif, Köln: (Ian Hanning/Rea) **42.1**, **63.5**, (Miquel Gonzalez) **43.1**, (Nathalie Oundjian-Gureghian/Gamma) **73.2**, (Richard Damoret/REA) **63.3**; Les Galeries Lafayette, Paris: **35.1**; Mauritius Images, Mittenwald: **43.3**; Picture-Alliance, Frankfurt: **U4.10**, (Christophe Lefebvre) **U4.11**, (dpa/World Pictu) **33.2**, (Lucas Schifres/Bloomberg News/Landov) **U4.13**, (Pol Derwenn/MAXPPP) **74.1**; shutterstock, New York, NY: (amlet) **U4.4**, (Anyka) **U4.2**, (Cornel Achirei) **U1.13**, (Elena Elisseeva) **U4.9**, (Goodluz) **45.2**, (Knud Nielsen) **U4.8**, (Michael Roeder) **68.1**, (Stefan Redel) **U1.5**, (Stefano Tiraboschi) **U4.3**, (Toranico) **45.1**, (Visi.stock) **64.2**, (yvon52) **U1.8**; Thinkstock, München: (Janie Airey) **24.1**; Ullstein Bild GmbH, Berlin: **34.5**, (Lionel Le Saux/Sipa) **64.6**, (Sipa) **83.2**; YOUR PHOTO TODAY, Taufkirchen: **63.4**

Sollte es in einem Einzelfall nicht gelungen sein, den korrekten Rechteinhaber ausfindig zu machen, so werden berechtigte Ansprüche selbstverständlich im Rahmen der üblichen Regelungen abgegolten.

1. Auflage 1 5 4 3 2 1 | 2015 14 13 12 11

Redaktion: Sonia Blin, M.A.
Umschlaggestaltung: Know Idea GmbH, Freiburg

Gestaltung: Sandra Oehler, Remseck
Illustrationen: Lars Benecke, Hannover; Steffen Butz, Karlsruhe; François Davot, Troyes; Stefan Dinter, Stuttgart; Andreas Florian Lübeck; Christian Hansen, Berlin; David Norman, Meerbusch; Sven Palmowski, Barcelona; Marlene Pohle, Stuttgart; TEBITRON GmbH, Gerlingen
Druck: Druckhaus Götz GmbH, Ludwigsburg

Printed in Germany
ISBN 978-3-12-524486-3

9 783125 244863

Chers élèves, liebe Schülerinnen und Schüler!

bevor Sie mit der Arbeit beginnen, möchten wir Ihnen kurz die Konzeption des Trainingsbuchs erklären.

Das Trainingsbuch ist ideal, um selbständig die Inhalte von **Génération pro – intermédiaire** zu erarbeiten, zu wiederholen und zu festigen. Das kann zum Beispiel notwendig sein, wenn Sie Unterricht versäumt haben, weil Sie krank waren. Sie können das Trainingsbuch aber auch benutzen, wenn Sie sich gezielt auf einen Test oder eine Klassenarbeit vorbereiten möchten.

Grundsätzlich werden im Trainingsbuch alle Inhalte einer Lektion aufgegriffen: Grammatik, Vokabeln, Redemittel, inhaltliche Aspekte, Hör- und Leseverstehen. Sie können sich darauf verlassen – der ganze Stoff einer Lektion kommt vor.
Bei der Behandlung von Grammatik werden die wichtigsten Regeln in einer Box zusammengefasst. Es folgen Übungen, die den Stoff abfragen. Damit Ihnen das Arbeiten mit dem Trainingsbuch Spaß macht, finden Sie viele verschiedene Aufgabentypen. Bei den Übungen zum Vokabular können Sie z. B. Kreuzworträtsel lösen, Wortfelder erstellen oder auch Gegensatzpaare zusammenstellen.
Da das Hörtraining für das Lernen von Sprachen sehr wichtig ist, gibt es in jeder Lektion mehrere Hörverstehensangebote (… deswegen enthält das Trainingsbuch eine eigene Audio-CD).
Jede Lektion endet mit Übungen zum Leseverstehen. In einigen Lektionen müssen Sie noch einmal den Text im Schülerbuch lesen, in anderen wird ein eigener Text angeboten.
Das wichtigste Prinzip des Trainingsbuchs ist, dass Sie sich alles selbstständig erarbeiten können. Damit Sie sich unmittelbar nach dem Erledigen einer Übung kontrollieren und verbessern können, werden ab der Seite 110 die Lösungen zu jeder Lektion angeboten.

Wir wünschen Ihnen viel Spaß und vor allem viel Erfolg beim Arbeiten mit dem Trainingsbuch!

Leçon 1

Die Bildung des *imparfait* (1)

W Sie kennen im Französischen bereits drei Zeiten:

Mit dem *présent* drücken Sie Handlungen aus, die in der Gegenwart stattfinden.
Mit dem *futur composé* drücken Sie Handlungen aus, die in der Zukunft stattfinden werden.
Mit dem *passé composé* drücken Sie Handlungen aus, die in der Vergangenheit stattgefunden haben.

Das ***imparfait*** ist eine weitere Zeit der Vergangenheit:

Pendant les vacances, on **jouait** aux cartes tous les soirs. — Während der Ferien spielten wir jeden Abend Karten.

Zur Bildung des ***imparfait*** gehen Sie von der 1. Person Plural Präsens eines Verbs (*nous* ***regardons***) aus und ersetzen Sie die Präsens-Endung durch die *imparfait*-Endungen (*-ais, -ais, -ait, -ions, -iez, -aient*).

Infinitiv	1. Person Plural **Präsens**	Stamm	Imparfait
regarder	→ nous regard**ons**	→ regard-	→ je regard**ais**

je	regard**ais**	nous	regard**ions**
tu	regard**ais**	vous	regard**iez**
il/elle/on	regard**ait**	ils/elles	regard**aient**

Diese Regel gilt auch für fast alle unregelmäßigen Verben wie z. B:

aller	nous **all**ons	→ j'	**all**ais
faire	nous **fais**ons	→ tu	**fais**ais

Das Wichtigste ist, dass Sie die 1. Person Plural Präsens beherrschen: Wiederholen Sie sie, wenn Sie sich unsicher fühlen!

1 Setzen Sie die richtigen Verbformen ein.

Infinitiv	1. Pers. Pl. Präsens	Stamm	Imparfait
1. avoir	nous		j'
2. répéter	nous		tu
3. pouvoir	nous		elle
4. boire	nous		nous
5. mettre	nous		vous
6. lire	nous		ils

Infinitiv	1. Pers. Pl. Präsens	Stamm	Imparfait
7. écrire	nous		j'
8. prendre	nous		tu
9. acheter	nous		elle
10. essayer	nous		nous
11. appeler	nous		vous
12. faire	nous		ils

Die Bildung des *imparfait* (2)

a) Es gibt im *imparfait* nur **drei** Ausnahmen:

être	nous sommes	→ j'**étais**
falloir	il faut	→ il **fall**ait
pleuvoir	il pleut	→ il **pleuv**ait

b) Bei den Verben auf auf ***-ger*** und ***-cer*** müssen Sie auf eine Besonderheit achten:

Das **e** nach dem **g** erhält die Aussprache [ʃ].

manger
nous mang**eons** → je mang**eais** **aber:** → nous mangions, vous mangiez
Ebenso: *partager, ranger, changer*

Die *cédille* **ç** erhält die Aussprache [s].

commencer
nous commen**ç**ons → je commen**ç**ais **aber:** → nous commencions, vous commenciez
Ebenso : *placer*

2 Bilden Sie das *imparfait*.

1. tu manges ____________
2. elle comprend ____________
3. tu es ____________
4. nous changeons ____________
5. vous voyez ____________
6. ils sont ____________
7. vous placez ____________
8. ils commencent ____________
9. elles continuent ____________
10. on se couche ____________
11. vous faites ____________
12. ils changent ____________

Der Gebrauch des *imparfait* (1)

Das ***imparfait*** wird nicht immer verwendet, wenn eine Handlung in der Vergangenheit stattgefunden hat. Sie können es nur in bestimmten Situationen benutzen. Man beschreibt damit:

- **Zustände** — Quand j'**étais** jeune, j'**étais** en forme.
- **Lebensumstände** — j'**habitais** à Lyon.
- **Gewohnheiten** — je **faisais** du sport deux fois par semaine.
- **Gefühle** — je **n'aimais** pas les devoirs...

Handelt es sich hingegen um

- **abgeschlossene Handlungen und Vorgänge/Ereignisse** — **Hier soir**, Zoé et moi, nous **sommes restés** à la maison.
- eine **Handlungskette** — On **a mangé** des spaghettis, **puis** on **a regardé** un film à la télé et **ensuite**, on **a écouté** un CD.

wird das ***passé composé*** verwendet.

Die folgenden Wörter sind neben anderen meist ein Signal dafür, welche Zeit Sie verwenden müssen:
Imparfait: comme toujours, souvent, tous les matins/soirs, chaque matin/soir.
Passé composé: alors, un jour, d'abord, tout à coup, ce matin/soir, puis, ensuite, cette fois, enfin.

3 *Imparfait* oder *passé composé*?
Bestimmen Sie die Situation und setzen Sie die richtige Form ein.

1. Tous les étés, pendant nos vacances en Corse, ma famille ____________ (faire) des randonnées dans la montagne. ____________
2. Mes parents ____________ (aimer) les pique-niques. ____________
3. Un jour, on ____________ (aller) à un refuge. ____________
4. A sept heures, il ____________ (faire) déjà très chaud. ____________
5. Quatre heures plus tard, mon père ____________ (décider) de faire une pause. ____________
6. Nous ____________ (être fatigué) et nous ____________ (avoir très faim). ____________ ____________
7. Alors, on ____________ (manger) notre pique-nique. ____________
8. Tout à coup, il y ____________ (avoir) un orage. ____________
9. Il ____________ (commencer) à pleuvoir. ____________
10. On ____________ (rentrer). ____________

Der Gebrauch des *imparfait* (2)

Das ***imparfait*** drückt häufig aus, dass Vergangenes zeitlich **nicht begrenzt** ist. Anfang und Ende sind nicht klar bestimmt.

Das ***passé composé*** drückt häufig aus, dass Vergangenes **zeitlich begrenzt** ist. Anfang und Ende sind klar bestimmt.

In **Satzgefügen** haben ***imparfait*** und ***passé composé*** bestimmte Funktionen:

1. Tritt in eine sich im Verlauf befindliche Handlung (*imparfait*) oder in eine Zustandsbeschreibung (*imparfait*) eine neue Handlung ein, so steht diese im ***passé composé***.

   Je **lisais** le journal quand le téléphone **a sonné**.

   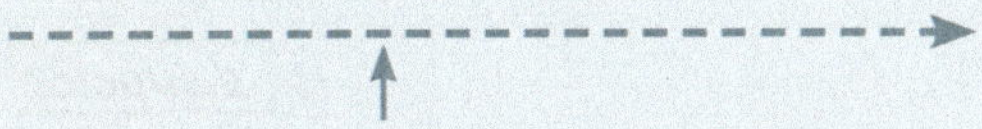

2. Wenn Haupt- und Nebensatz gleichzeitig/parallel verlaufende Handlungen ausdrücken, stehen beide im ***imparfait***.

   Pendant que nous **allions** à la plage, Fabien **parlait** de ses premières vacances sans parents.

3. Relativsätze sind meist beschreibende Ergänzungen oder Erklärungen und stehen daher im ***imparfait***.

   Marie, qui **rêvait** toujours d'un voyage en Guadeloupe, **a réservé** un vol pour Pointe-à Pitre.

4. Folgen in einem Satzgefüge mehrere Handlungen aufeinander, dann stehen alle Handlungen im ***passé composé***.

   J'ai vu ce bel appartement et je l'ai tout de suite loué.

Im Nebensatz mit *pendant que* steht als Zeit der Vergangenheit immer das *imparfait*: Pendant que nous mangions, mon frère m'a appelé deux fois.

4 *Imparfait* oder *passé composé* ? Achten Sie auch auf die Angleichungen.

1. Quand elle ________________ jeune, Marie ________________ souvent sa mère qui ________________ à l'office du tourisme d'une petite ville en Corse. — être, aider, travailler
2. Pendant que sa mère ________________ des randonnées, Marie ________________ des informations aux touristes étrangers qui ________________ la région. — organiser, donner, visiter
3. Un jour, pendant qu'elle ________________ le bureau, elle ________________ un petit chien. — ranger, voir
4. Il ________________ tout seul, alors elle ________________ un peu avec lui. — être, jouer
5. Il ________________ Snoopy. — s'appeler
6. Comme il ________________ chaud, elle ________________ chercher de l'eau. — faire, aller
7. Pendant qu'elle lui ________________ à boire, la propriétaire de Snoopy ________________ dans l'office du tourisme et ________________ son chien. — préparer, entrer, retrouver

Das *plus-que-parfait* (Bildung)

Auch das ***plus-que-parfait*** drückt Handlungen in der Vergangenheit aus. Es wird wie das *passé composé* aus zwei Bestandteilen gebildet.

Ce matin-là, Luc était fatigué.
Avant, il **avait travaillé** toute la nuit. — Vorher hatte er die ganze Nacht gearbeitet.
Cet été, Yasmine a passé ses vacances en Guadeloupe.
Avant, elle **était** toujours **allée** en Corse. — Vorher war sie immer nach Korsika gefahren.

Das *plus-que-parfait* wird aus dem *imparfait* von *avoir* und *être* und dem *participe passé* des jeweiligen Verbs gebildet. Für die Angleichung gelten die gleichen Regeln wie beim *passé composé*.

5 Bilden Sie das *plus-que-parfait*.

1. nous/vouloir ________________
2. je/être ________________
3. elle/venir ________________
4. vous/boire ________________
5. elles/rentrer ________________
6. tu/commencer ________________

Das *plus-que-parfait* (Gebrauch)

Das ***plus-que-parfait*** beschreibt Handlungen, die schon vor einem Geschehen oder Zustand in der Vergangenheit abgeschlossen waren. Im Deutschen bezeichnet man es deshalb auch als **Vor**vergangenheit.

Vorvergangenheit	Vergangenheit	Gegenwart
Avant son stage au Canada, Fabienne **avait organisé** une fête pour ses copines.	Après son stage, elle **est rentrée** en France.	Maintenant, elle **fait** des études d'économie à Paris.

6 *Imparfait*, *passé composé* oder *plus-que-parfait* ?

1. Hier, mes parents ________________ (venir) manger chez nous.
   Ils ________________ (être content) de notre invitation.
   Ils ________________ (préparer) un gâteau pour le dessert.
2. Samedi, je/j' ________________ (aller) au restaurant « La belle étoile »
   où je/j '________________ (avoir rendez-vous) avec Maryse.
   Mais elle ________________ (ne pas être là) :
   elle ________________ (oublier) notre rendez-vous.
3. Hier, Léa et Rémi ________________ (aller) au cinéma.
   Mais quand ils ________________ (arriver),
   le film ________________ (déjà commencer).
4. Samedi soir, Vincent ________________ (écouter) sa musique préférée.
   Son frère lui ________________ (acheter) un CD de Gainsbourg à Paris
   la semaine dernière.
5. Marc ________________ (ne rien faire) ce week-end.
   Il ________________ (être fatigué) parce que pendant la semaine,
   il ________________ (trop travailler).
6. Hier, mon copain me/m'________________ (téléphoner).
   Il ________________ (être en colère).
   Son chef le/l'________________ (critiquer).

Wortfeld *voyages*

7 Setzen Sie Wörter aus dem Wortfeld **Reisen** ein.

1. Ici, on peut lire des informations sur une région, une ville... :

____

2. Avant de monter dans un avion, il faut montrer

_______________________________________ .

3. Vous aimez la mer ? Vous voulez aller en Corse ?

   Alors, prenez _______________________________________

4. C'est comme une petite maison où on passe la nuit dans un camping :

____

5. On le prend dans une gare pour les voyages :

____

6. Vous voulez savoir s'il va faire beau ? Regardez ou écoutez

____

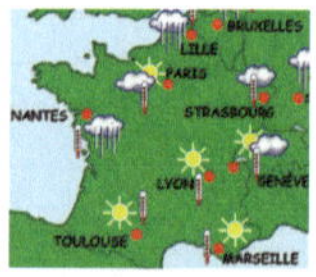

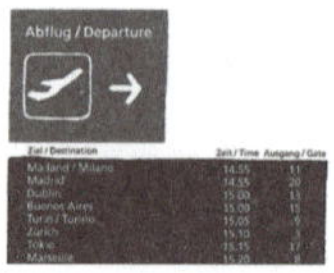

7. Pour prendre un avion, il faut aller à

____

8. Quand on ne veut pas payer cher pour un voyage, on prend

____

9. Pour voir tous les pays, il faut faire

____

10. Marcher dans la nature, c'est

____

Les petits mots

8 Wählen Sie das passende „kleine Wort" aus. Einmal sind zwei Lösungen möglich.

1. Il y a ______________________, Lisa et moi, nous avons habité en Guadeloupe. — parfois / tard / longtemps
2. Nous sommes restés là-bas ______________________ cinq ans. — presque / moins / pour
3. ______________________, j'étais employé à l'aéroport. — avant / à cette époque / demain
4. Lisa travaillait dans une petite agence de voyages, ______________________ aussi dans un club de sport. — mais / quand / parfois
5. Tous les jours, nous nous réveillions ______________________ . — tard / tôt / parfois
6. ______________________ j'allais faire mon footing dans la campagne, Lisa allait sur la plage faire de la gymnastique. — pendant que / tôt / presque
7. A midi, nous ne faisions ______________________ de pause. — souvent / presque / jamais
8. Et le soir, on travaillait ______________________. — très / tard / parfois

Hören und verstehen

1-4 **9** Hören Sie sich die vier Szenen an und kreuzen Sie an, zu welcher Szene welcher Satz passt.

	Scène 1	Scène 2	Scène 3	Scène 4
1. Le dialogue se passe dans un TGV.				
2. Un homme a trouvé sa carte d'embarquement.				
3. La dame voudrait savoir dans quelle gare le train s'arrête.				
4. Il ne va pas faire chaud ce week-end.				
5. Ils doivent aller porte 25.				
6. C'est un sondage par téléphone.				
7. Marie lit le bulletin météo.				
8. La dame ne veut pas répondre à des questions sur les vacances.				
9. On annonce un retard de 15 minutes.				
10. Nadia appelle les gens pour leur poser des questions.				

Hören und schreiben

5 ◎ **10** Beantworten Sie die folgenden Fragen.

1. Quelle question pose d'abord Vanessa à Paul ? ______________________________
2. Pourquoi est-ce que Paul est fatigué ? ______________________________
3. Combien de temps il a fallu à Paul pour rentrer chez lui ? ______________________________
4. Où est-ce qu'il habite ? ______________________________
5. Quand est-ce qu'il est rentré chez lui ? ______________________________
6. Pourquoi est-ce que Paul est allé là-bas ? ______________________________
7. Qu'est-ce que Paul a aimé ? ______________________________
8. Qu'est-ce que Paul critique ? ______________________________

Lesen und verstehen

11 a) Lesen Sie den folgenden Text.

Paris, le 1er septembre

Cher journal,

Je n'ai rien écrit depuis longtemps. Excuse-moi ! Je suis partie au mois de juin et je viens tout juste de rentrer à Paris. Mes valises sont encore dans l'entrée et je suis déjà déprimée. Quand je regarde dans la rue, je vois des nuages, des gens stressés et l'horizon fatigué.

Comment ai-je pu t'oublier pendant toutes ces semaines ? J'adore t'écrire, te dire mes émotions, mes problèmes, mes expériences ! Alors, aujourd'hui, je veux te raconter mon voyage de rêve en Corse. D'ailleurs, j'ai encore la tête là-bas.

Cela ne veut pas dire que je n'ai rien fait du tout. Je n'étais pas toujours en vacances. Sur les trois mois que j'ai passés sur l'île de Beauté, j'ai travaillé sept semaines à l'office du tourisme de Bastia. J'étais employée à l'accueil. J'aimais bien aider les touristes pendant leurs vacances et ma responsable Tanja, une Allemande, était très sympa. Elle est devenue une amie pour moi.

Avec Tanja, j'ai visité l'île de Bastia à Bonifacio. J'ai fait de la voile, du camping et aussi beaucoup de randonnées dans la montagne. C'était dur, mais j'ai adoré marcher avec elle dans la nature. Nous étions seules et la Corse était à nous.Un jour, j'aurai peut-être la chance de quitter Paris et d'aller en Corse pour y habiter et y travailler toute l'année. Voilà, mon cher journal, pourquoi je t'ai laissé pendant ces longs mois.
J'avais beaucoup de choses à voir, à observer ! Maintenant, je dois retourner à l'université et penser à mes études.
A demain !
Zoé

b) Kreuzen Sie die richtige Antwort an.

1. Es handelt sich um
   einen Auszug eines Romans ☐ einen Brief ☐ einen Zeitungsbericht ☐ ein Tagebuch ☐.
2. Das Thema des Textes ist
   Zoés Praktikum ☐ Zoés Umzug nach Korsika ☐ Zoés Rückkehr nach Paris ☐.
3. Zoé ist
   ein neuer Fan von Paris ☐ eine Geschäftspartnerin von Tanja ☐ eine Studentin aus Paris ☐.
4. Was macht Zoé in Paris?
   Sie studiert an der Uni. ☐ Sie arbeitet in einem Reisebüro. ☐ Sie macht eine Reise nach Paris. ☐.
5. Auf Korsika war sie
   im Frühling ☐ in der ersten Hälfte des Sommers ☐ im Juni, Juli und August ☐ im September ☐.

c) Beantworten Sie die Fragen und zitieren Sie einen Satz des Texts.

1. Warum entschuldigt sich Zoé?
   ____
   ____
2. An wen wendet sie sich? ______________________________
3. Ist Zoé zufrieden, nach Paris zurückgekehrt zu sein?
   ____
   ____
4. Was erhofft sich Zoé für die Zukunft?
   ____
   ____
   ____

Leçon 2

Die Verben auf *-ir*: *dormir, partir, sortir*

Nach den Verben auf ***-er*** lernen Sie eine weitere Gruppe **regelmäßiger Verben auf *-ir*** kennen:

	dormir schlafen	partir weggehen abfahren	sortir hinausgehen
je	dor**s**	par**s**	sor**s**
tu	dor**s**	par**s**	sor**s**
il/elle/on	dor**t**	par**t**	sor**t**
nous	dor**mons**	par**tons**	sor**tons**
vous	dor**mez**	par**tez**	sor**tez**
ils/elles	dor**ment**	par**tent**	sor**tent**
Passé composé	j'ai dormi	je suis parti**(e)**	je suis sorti**(e)**
Imperativ	**Dors.**	**Pars.**	**Sors.**
	Dormons.	Partons.	Sortons.
	Dormez.	Partez.	Sortez

! Der Endkonsonant des Infinitivstamms fällt im Singular weg, bleibt aber im Plural erhalten:
sortir → je sors, nous sortons

1 Setzen Sie die Verben *dormir*, *partir*, *sortir* in die richtige Form.

1. – Quand est-ce que tu ______________________ ? *sortir*
   – Je ne ______________________ pas. Je reste à la maison.
2. – Quand est-ce que vous ______________________ hier soir ? *partir*
   – Nous ______________________ à dix heures.
3. Les enfants ne ______________________ pas. *dormir*
4. Ce chien est paresseux[1], il ne ______________________ jamais ! *sortir*
   Allez Snoopy, ______________________ tout de suite !
5. Une minute, Tanja. ______________________ ensemble. *partir*
6. Vous ______________________ encore, les filles ? *dormir*
   ______________________ du lit ! *sortir*
7. Quand tu étais étudiant , tu ______________________ tous les soirs. *sortir*
   Mais maintenant tu ne ______________________ plus.
8. Hier, Kadidja ______________________ de l'école à six heures. *sortir*

1 **paresseux, paresseuse** faul

Das Verb *savoir*

	savoir wissen/können
je	**sais**
tu	**sais**
il/elle/on	**sait**
nous	sav**ons**
vous	sav**ez**
ils/elles	sav**ent**
Passé composé	j'ai **su**

2 Bilden Sie Sätze mit *savoir*.

1. Tu / savoir / réparer / mon ordinateur ?

___

2. Alice / ne pas savoir / parler / allemand.

___

3. Vous / savoir / où / on / pouvoir / acheter / une valise ?

___

4. Non / je / ne pas savoir.

___

5. Les enfants / ne pas savoir / que / c'est interdit.

___

6. Hier / Tanja / savoir / trouver / les bons mots.

___

Die reflexiven Verben im *passé composé*

Sie kennen die reflexiven Verben bereits im Präsens.
Diese Verben bilden das *passé composé* mit ***être + participe passé***.
Das *participe passé* richtet sich meistens nach dem Subjekt.

Fabrice	s'est séparé de sa femme.	... hat sich von seiner Frau getrennt.
Julie	ne s'est pas remarié**e**.	... hat nicht wieder geheiratet
Les parents	se sont souvent disputé**s**.	... haben sich gestritten.
Nathalie et Océane	se sont occupé**es** de leurs parents.	... haben sich um ihre Eltern gekümmert

Die Verneinung umschließt die konjugierte Form des Hilfsverbs ***être***.

3 Setzen Sie die richtige Form der **reflexiven Verben im *passé composé*** ein.

Télé-réalité: Histoire d'un jeune couple

Une animatrice :	Nadia et Farid,	
	vous ______________________	se réveiller
	à quelle heure hier ?	
Farid :	Nous ______________________ à 7 heures.	se réveiller
	Mais je ______________________	se lever
	à 7 heures et demie.	
Nadia :	Moi, je ______________________ tout de	se lever
	suite et je ______________________ .	s'habiller
	Puis, je ______________________ à table.	se mettre
	Farid est arrivé et…	
Farid :	… et elle ______________________	se moquer
	de moi.	
Nadia :	Ce n'est pas vrai.	
	Je ______________________ de toi.	ne pas se moquer
	Toi, tu ______________________ de moi	se moquer
	et je ______________________ .	se fâcher
L'animatrice :	Et après ? Vous ______________________ ?	se disputer
Farid :	Oui. Nous ______________________ .	se disputer
Nadia :	Mais tout à coup,	
	nous ______________________ et…	se regarder
L'animatrice :	… vous ______________________ ?	ne plus se disputer

Strategie Wortbildung

4 Lesen Sie noch einmal die Strategien zur Wortbildung im Schülerbuch auf Seite 31, mit deren Hilfe Sie unbekanntes Vokabular erschließen können.

a) Schauen Sie sich nun die folgenden Nomen an. Auf welches Verb sind sie zurückzuführen? Finden Sie eine passende Übersetzung.

Nomen	Verb	deutsche Entsprechung
1. un dérangement		
2. un étonnement		
3. un renseignement		
4. une amélioration		
5. une prononciation		
6. une explication		
7. une interdiction		
8. une décision		
9. une compréhension		
10. une comparaison		
11. une arrivée		
12. une pensée		
13. un intérêt		
14. une sortie		
15. une dispute		

b) Schauen Sie sich nun die folgenden Verben an. Auf welche Nomen sind sie zurückzuführen? Finden Sie auch hier die deutsche Entsprechung.

Verb	Nomen	deutsche Entsprechung
1. guider		
2. rêver		
3. exposer		
4. former		
5. commenter		
6. communiquer		
7. douter		
8. escalader		
9. freiner		
10. voyager		

Wichtige Redemittel: Familie und Beruf

5 Sagen Sie auf Französisch, dass

1. … Sie eine Ausbildung zum Grundschullehrer/zur Grundschullehrerin machen möchten.

2. … Sie ledig sind, aber vielleicht später heiraten werden.

3. … Sie Geschwister haben, aber Ihre Eltern sich haben scheiden lassen.

4. … Ihre Mutter in einer Vorschule Vollzeit arbeitet.

5. … sie einen dänischen Zeichner kennen gelernt und wieder geheiratet hat.

6. … Ihr Stiefvater drei Kinder hat und Sie eine Patchworkfamilie sind.

6 Finden Sie ein Synonym (= ein Wort mit ähnlicher Bedeutung).

1. faire une formation = d
2. aller aux W.-C. =
3. être comme = r à qn
4. rencontrer = s r
5. se coucher = r
6. une séparation = un e
7. célibataire = s l

7 Finden Sie das Gegenteil.

1. bien ≠ m
2. se marier ≠ d
3. rigoler ≠ p
4. vieux ≠ j
5. entrer ≠ s
6. une question ≠ une r

8 Verben: Verbinden Sie die passenden Satzteile miteinander.

Le petit Gaëtan va	1	A	de huit enfants.
Ils ont décidé	2	B	la séparation de ses parents.
Tanja fait	3	C	comprendre sa copine.
Les enfants se mettent	4	D	les enfants aux toilettes.
Julie n'a pas supporté	5	E	à l'école maternelle.
Françoise emmène	6	F	à son père.
Les parents amènent	7	G	de se pacser.
La maîtresse s'occupe	8	H	en rang.
Jerôme n'arrive pas à	9	I	leur enfant.
Le fils de Fabrice ressemble	10	J	des bisous aux enfants.

Hören und verstehen

6 9 a) Hören Sie sich den Hörtext an und kreuzen Sie die richtige Antwort an.

1. Célia discute avec
   le mari de sa sœur ☐ un cousin ☐ un copain ☐ son père ☐ la sœur de son mari ☐.
2. Qu'est-ce que Célia montre à Nicolas ?
   l'album photo de son mariage ☐ son voyage en Europe ☐ l'arbre généalogique de sa famille ☐.
3. Célia a
   un frère, deux sœurs ☐ ni frère ni sœur ☐ deux sœurs ☐ deux frères ☐.
4. Qui est-ce qui a un père allemand et une mère française ?
   Célia ☐ Nicolas ☐ la mère de Célia ☐ la mère de Jeanne ☐ Wolfgang ☐.
5. Comment s'appelle le neveu de Célia ?
   Sami ☐ Nicolas ☐ Andrea ☐ Mohammed ☐.

b) Hören Sie das Gespräch mehrmals an und setzen Sie die folgenden Vornamen in Célias Stammbaum.

Sami | Célia | Nina | Jeanne | Wolfgang | Fatima | Nicolas
Djamel | Khadija | Daniela | Mohammed

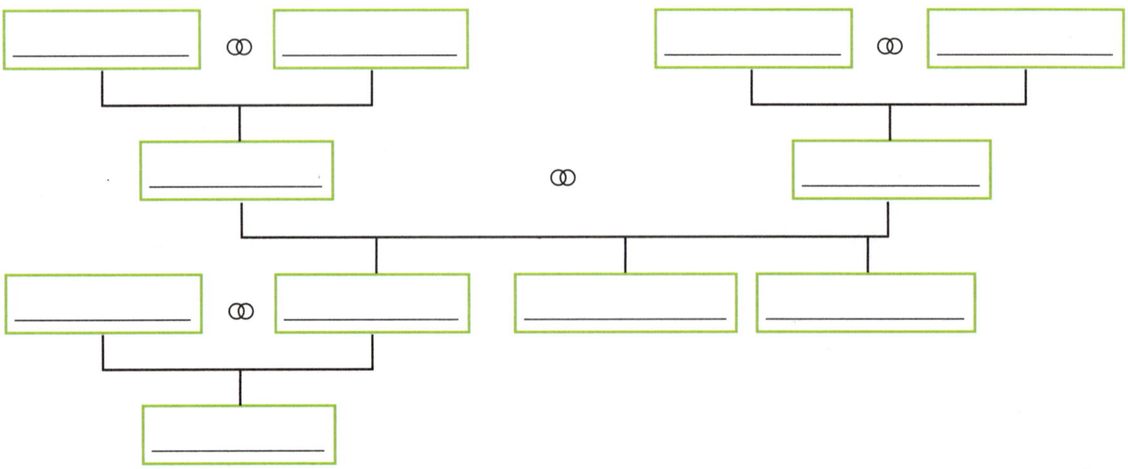

Hören und schreiben

7 **10** Hören Sie sich die Sendung an und beantworten Sie die folgenden Fragen.

1. Quel est le sujet de l'émission de Baptiste ?
____

2. Pourquoi est-ce que les gens appellent Baptiste ?
____
____

3. Quel est le métier de Marie ?
____

4. Quel âge a Marie ? ______________________________

5. Où est-ce qu'elle habite ? ______________________________

6. Pourquoi est-ce que Marie pense que Baptiste va rigoler ?
____
____

7. Pourquoi est-ce que Marie et son frère n'allaient pas à l'école ?
____

8. Quel est le métier des parents de Marie ? ______________________________

9. Qu'est-ce que la mère de Marie apprenait à ses enfants ?
____

10. Et qu'est-ce que le père apprenait à ses enfants ?
____

11. Qui étaient les copains de Marie et de son frère ?
____

12. Est-ce que Marie a des enfants ? ______________________________

13. Est-ce qu'elle veut faire comme ses parents et faire l'école à ses enfants ?
____

Lesen und verstehen

11 Lesen Sie die folgenden Texte.

Raconte-moi ta famille, je te dis qui tu es…

Rencontre avec quatres jeunes qui parlent de leur famille.

Antoine : Pour moi, la famille, je ne sais pas ce que c'est. Un mythe, peut-être ? Ma mère m'a élevé seul. Mon père est parti quand j'avais deux ans et je ne l'ai jamais vu. Je n'ai ni frère ni sœur. Quand je suis né, mes grands-parents n'étaient déjà plus là. Ma famille, c'est donc seulement ma mère. Mais à la maison, on n'a jamais été seuls tous les deux. Il y a toujours eu beaucoup d'amis et nous sommes aussi souvent allés chez nos amis. Peut-être que ce sont nos amis, ma famille ? Cela explique peut-être que j'habite aujourd'hui en colocation.

Joris : Ma famille, c'est presque une ville à elle toute seule. J'ai une sœur, un frère, 27 cousins, dix oncles et tantes. Mes parents ont divorcé et se sont remariés. Comme ils ont eu d'autres enfants avec leur nouveau mari et leur nouvelle femme qui avaient eux-même déjà des enfants, ma famille est énorme. Pour moi, c'est trop ! Pour mes copains, c'est très compliqué à comprendre. D'ailleurs, je préfère qu'ils ne viennent pas chez moi. J'ai parfois besoin d'oublier ma famille. Alors, je vais chez mon copain Simon. Chez lui, ils ne sont que trois : son père, sa mère et lui. Ça me fait des vacances.

Karima : Ma famille est vraiment une famille très traditionnelle avec deux parents et deux enfants, mon frère et moi. Mes grandsparents habitent dans le même immeuble que nous. Je les aime beaucoup. Ils sont aujourd'hui très vieux, mais ils sont aussi très modernes dans leur tête, et très tolérants aussi. Je discute souvent avec eux. Ma grand-mère s'est toujours beaucoup occupée de nous. C'est comme si on habitait tous dans la même maison. Je sais qu'il y a toujours quelqu'un pour m'écouter ou me consoler si j'ai un problème. Mes copains et mes copines aiment bien venir à la maison. Il y a une bonne ambiance! Plus tard, j'espère avoir une famille aussi cool !

Romane : Moi, ma famille, je ne la supporte plus. Je suis la petite dernière et pour mes grands frères qui sont déjà partis de la maison, je n'ai jamais été une très intéressante. Ils n'ont d'ailleurs jamais rien fait avec moi. Comme ma mère est assistante-maternelle à la maison, je ne suis jamais tranquille chez moi. Elle s'occupe toujours de trois ou quatre enfants, souvent des bébés. Certains restent chez nous de 6 heures à 20 heures le soir. Mon père, lui, n'est jamais là. Pour son travail, il part souvent en Italie ou en Espagne. Quand il rentre, il faut tout faire pour lui. J'en ai marre ! D'ailleurs, j'ai décidé de continuer mes études en Allemagne !

a) Von wem wird gesprochen? Kreuzen Sie die richtige Antwort an.

	Antoine	Karima	Joris	Romane
1. Il/elle n'a pas de problèmes avec sa famille.				
2. Il/elle ne voit jamais ses grands-parents.				
3. Il/elle a au moins un frère.				
4. Il/elle a un rêve : partir loin de sa famille.				
5. Il/elle pense que la famille, ce sont aussi les amis.				
6. Il/elle habite à côté de chez ses grands-parents.				
7. Il/elle a besoin de rencontrer des copains.				
8. Il/elle trouve que sa famille prend trop de place.				
9. Il/elle n'a pas de sœur.				
10. Ses amis aiment bien sa famille.				
11. Ses amis ne viennent jamais chez lui/elle.				
12. Il/elle a une famille monoparentale.				

b) Beantworten Sie die folgenden Fragen.

1. Chez qui est-ce qu'Antoine habite ?

___

2. Pourquoi est-ce qu'Antoine n'a jamais été seul avec sa mère ?

___

___

3. Où est-ce que les grands-parents de Karima habitent ?

___

4. Qu'est-ce que Karima aime faire avec ses grands-parents ? Pourquoi ?

___

___

5. Qu'est-ce que Joris fait quand il veut oublier sa famille ? Pourquoi ?

___

___

6. Quel est le projet de Romane ?

___

___

Leçon 3

Das *futur simple* (1)

W Mit dem *futur composé* (= „zusammengesetzte Zukunft") können Sie im Französischen bereits etwas Zukünftiges ausdrücken.

Demain, Jan **va écrire** à Olivier. **aller** + **Infinitiv**

Es gibt im Französischen noch eine zweite Zukunftsform, das ***futur simple*** (= einfaches Futur). Sie besteht nur aus einer Verbform. Man bildet sie, indem man an das ***-r*** des Infinitivs die Endungen ***-ai, -as, -a, -ons, -ez, -ont*** anhängt.

	parler	partir
je	parler***ai***	partir***ai***
tu	parler***as***	partir***as***
il/elle/on	parler***a***	partir***a***
nous	parler***ons***	partir***ons***
vous	parler***ez***	partir***ez***
ils/elles	parler***ont***	partir***ont***

Die Endungen des futur simple können Sie sich leicht merken, wenn Sie an die Formen von avoir (im Präsens) denken.

1 Setzen Sie die passenden Formen des *futur simple* ein.

Horizontalement
1. baigner/elles se
2. commencer/nous
3. parler/tu
4. travailler/vous
5. sortir/je

Verticalement
6. amuser/il s'
7. manger/on
8. sortir/ils
9. continuer/elle
10. dormir/tu

Das *futur simple* (2)

Beim *futur simple* gibt es einige Sonderfälle.
Bei den Verben auf ***-er*** mit zwei Stämmen wird das *futur simple* von der 1. Person Singular abgeleitet. Vor die Endung fügt man ein ***-r*** ein.

Infinitiv	Präsens	Futur
acheter	j' ach**è**te	j' ach**è**ter**ai**
préférer	je préf**è**re	je préf**è**rer**ai**
appeler	j' appe**ll**e	j' appe**ll**er**ai**
se lever	je me l**è**ve	je me l**è**ver**ai**
payer	je pa**i**e	je pa**i**er**ai**
emmener	j' emm**è**ne	j' emm**è**ner**ai**

Auch bei den **unregelmäßigen Verben** gibt es Sonderformen, die man lernen muss:

Mit einfachem „r"	Mit doppeltem „r"	Mit eingeschobenem „d"
avoir → j'aurai	voir → je verrai	venir → je viendrai
savoir → je saurai	pouvoir → je pourrai	vouloir → je voudrai
être → je serai		il faut (falloir) → il faudra
faire → je ferai		
devoir → je devrai		
pleuvoir → il pleuvra		
aller → j'irai		

2 a) Bilden Sie das *futur simple* und setzen Sie die Verben in die folgenden Sätze ein.

1. – Qu'est-ce que vous ____________ (faire) pendant les vacances ?
   – Nous ____________ (aller) au Québec. On ____________ (habiter) chez des amis.
   Ils nous ____________ (montrer) la ville de Québec et la région.

2. Dans un an, mon grand-père ____________ (être) à la retraite. Il ____________ (avoir) enfin du temps libre. Je pense qu'il ____________ (vouloir) d'abord ranger ses affaires dans son bureau.

3. Chère Cécile,
   Quand est-ce que tu ____________ (revenir) me voir ? Peut-être en juin ?
   Je ____________ (être) dans ma maison à la montagne. Tu ____________ (pouvoir) dormir dans la nouvelle chambre d'amis ! Je te ____________ (montrer) aussi le gîte que nous ____________ (louer) aux touristes. Et après, on ____________ (voir) ! Bises, Manon.

b) In welcher/welchen der vorstehenden Übungsteile (1., 2., 3.) hätte man auch das *futur composé* verwenden können? Warum?

Übungsteil 1 ☐ Übungsteil 2 ☐ Übungsteil 3 ☐

weil ____

____

venir de faire qc und *être en train de faire qc*

1. Mit der Wendung ***venir de faire*** drückt man aus, dass man gerade etwas getan hat oder dass gerade etwas passiert ist.
   - Tu as faim ?
   - Non, je **viens de** manger. Nein, ich habe **gerade** gegessen.

2. Mit der Wendung ***être en train de faire*** drückt man aus, dass gerade etwas geschieht.
   - Que fait Anne ?
   - Elle **est en train de** préparer une présentation. Sie bereitet **gerade** eine Präsentation vor.

Die Objektpronomen stehen unmittelbar vor dem Infinitiv:
- Tu as lu le mail de Marc ? – Oui, je viens de le lire.
- Tu as pensé à l'anniversaire de ta grand-mère ?
- Oui, je suis en train de lui écrire.

3 Vervollständigen Sie den Text, indem Sie *être en train de faire qc* oder *venir de faire qc* einsetzen.

1. – Pourquoi est-ce que tu ne m'écoutes pas ?
   – Je ______________________ (regarder) la télévision.

2. – Ah non, ce n'est pas vrai, Cécile n'est toujours pas là ?
   – Mais si, elle ______________________ (arriver).

3. – Je peux parler à Olivier ? – Non, il ______________________ (téléphoner).

4. Damien ______________________ (sortir) de l'étable.
   Maintenant, il ______________________ (visiter) le vieux moulin.

5. Olivier et son père ______________________ (se disputer).
   Maintenant, ils ______________________ (chercher) un compromis.

Der Gebrauch von *pouvoir* und *savoir*

Das deutsche Verb „können" wird im Französischen durch ***pouvoir*** oder ***savoir*** wiedergegeben:
- ***pouvoir*** verwendet man, wenn die **äußeren Umstände** eine Tätigkeit erlauben.
- ***savoir*** wird benutzt, wenn man etwas **weiß** oder **gelernt hat**, wie es geht.

4 Setzen Sie die passenden Formen von *pouvoir* oder *savoir* ein.

1. – Tu ________________ comment on dit « gîte » en allemand ?
   – Non, mais demande à Jan s'il ________________ t'aider.
2. La petite Sarah (3 ans) ne comprend pas la carte postale de sa grand-mère : elle ne ________________ pas lire.
3. – Tu ________________ où j'ai mis mon portable ? – Non, je ne ________________ pas.
4. – Olivier, tu________________ nous aider un peu ? Nous ne ________________ pas comment ranger toutes nos affaires.
5. Olivier et Cécile ________________ bien qu'ils ne ________________ pas reprendre la ferme sans investissements.
6. Vous ________________ si on________________ se baigner ici ?
7. Qui ________________ parler espagnol ici ? Il y a un touriste espagnol au téléphone.
8. Tu ________________ faire du ski ? Alors tu________________ venir avec nous à la montagne.

Wortschatz der Lektion

5 Finden Sie die Wörter, die zur Beschreibung passen.

1. C'est un appartement ou une maison que le propriétaire loue à des touristes : un ________________.
2. Quand on n'a pas assez d'argent pour un investissement, on peut ________________.
3. Pour faire de l'électricité avec le soleil, on installe des ________________.
4. Quand il fait froid dans l'appartement, on met le ________________.
5. Le lieu où on met les vaches : ________________.
6. Elles participent au développement durable : les ________________.
7. Une maison passive aide à faire des ________________.

6 Vervollständigen Sie die Sätze mit den entsprechenden Verben.

1. erinnern → Elle lui ____________________ son rendez-vous demain.
2. sich verändern *(futur simple)* → Tu ne ____________________ jamais !
3. unterbringen *(futur simple)* → Où est-ce qu'on ____________________ notre belle-mère ?
4. sich begeistern → Quand elle était jeune, elle ____________________ pour la mode.
5. träumen → Il ____________________ d'une vie indépendante.
6. anziehen → Un beau paysage ____________________ les touristes.
7. übernehmen *(futur simple)* → Plus tard, il ____________________ la ferme de son père.
8. kosten → Moderniser la ferme ____________________ beaucoup d'argent.
9. vertrauen → Elle sait qu'elle peut ____________________ à Olivier.

7 Suchen Sie die Wörter aus den Sätzen der Lektion auf den Seiten 34 – 43 des Schülerbuchs, vervollständigen Sie die Sätze und füllen Sie das Kreuzworträtsel aus.
Die Lösung ergibt ein Wort aus der Lektion. Übersetzen Sie es.

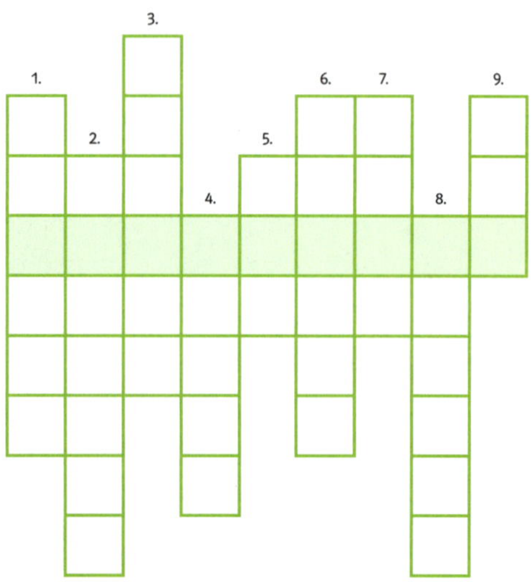

- Vous les jeunes, vous n'aurez pas pas une vie (1) à la ferme.
- J'en ai marre de faire le (2) !
- Elle est (3) ta ferme ?
- Plus de (4), plus de pollution !
- (5) du rêve !
- Ah, vous avez de la (6) avec Olivier.
- J'ai (7) gardé l'ouvrier de mes parents.
- C'est cher, j'ai dû prendre un (8) important.
- J'ai bien aimé la (9) à l'internat, surtout les fêtes avec mes copains.

Übersetzung des Lösungsworts: ____________

8 Finden Sie die versteckten Wörter, schreiben Sie sie mit Artikel (ggf. mit Genus) auf und fügen Sie die Übersetzung hinzu.

1.	agri	pag	ies	→	___________
2.	éc	gu	age	→	___________
3.	ex	réal	tion	→	___________
4.	cam	cult	ne	→	___________
5.	é	onom	es	→	___________
6.	ar	lev	eur	→	un agriculteur Landwirt
7.	ter	ploita	oire	→	___________
8.	cé	rit	ment	→	___________

Redemittel

9 Sagen Sie, dass

1. … Sie eben nach Hause gekommen sind. ___________
2. … Sie gerade Ihr Essen vorbereiten. ___________
3. … Sie heute nicht ins Kino gehen können, weil Sie keine Zeit haben. ___________
4. … Sie Englisch und Französisch sprechen können. ___________
5. … Sie in Frankreich studieren werden. ___________
6. … Sie einen Kredit aufnehmen werden müssen. ___________

Hören und schreiben

8 ◎ **10** Hören Sie den Text an und vervollständigen Sie die Sätze mit den „kleinen Wörtern", die Sie gehört haben.

1. Jérôme, mon petit frère, est sympa, mais ______________________, il m'énerve.
2. Il me stresse, ______________________ quand il a besoin que je l'aide !
3. Il est arrivé il y a ______________________ une heure.
4. Et depuis une heure, je me sens très ______________________ !
5. Jérôme n'arrête pas ______________________ me parler de son exposé sur les énergies renouvelables.
6. Le sujet est ______________________ très intéressant.
7. Je travaille ______________________ dans ce secteur.
8. Mais ______________________ je me passionne pour les panneaux solaires et les maisons passives, j'ai d'autres projets ce soir…
9. ______________________ ma journée de travail, j'ai envie de repos…
   ______________________ que j'ai un rendez-vous… très important !
10. Alors, ______________________, je veux prendre une douche et écouter de la musique.
11. Mais, ______________________ son exposé, mon frère a une interro d'anglais et il me demande de lui poser des questions.
12. ______________________, il a des exercices de maths pas faciles.
13. ______________________ je lui dis : « Non, arrête, un grand frère ne peut pas tout faire ! J'ai ma vie aussi ! »

Hören und verstehen

9–12 ◎ **11** a) Hören Sie sich den Hörtext an und beantworten Sie folgenden Fragen.

1. Quel titre correspond le mieux au texte ?

Je déteste la campagne ! ☐	Interviews à la campagne ☐	La campagne, c'est quoi pour vous ? ☐
Travailler à la campagne ☐	Souvenirs à la campagne ☐	La ville, c'est génial ! ☐

2. Ils habitent dans quelle région ?

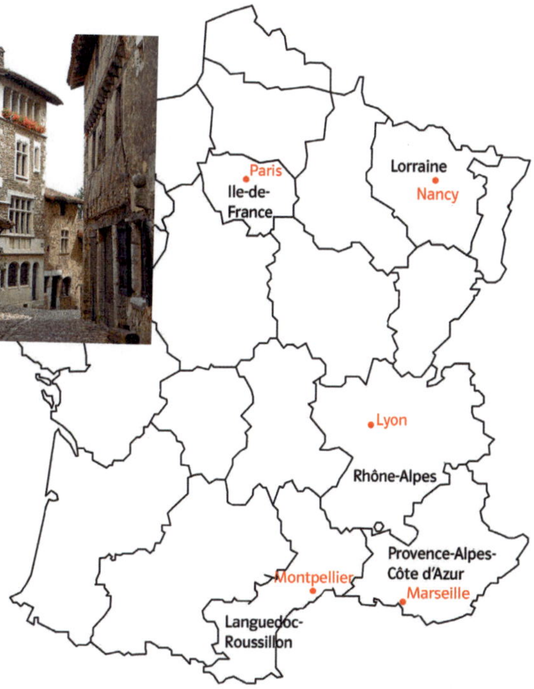

Lucas habite ______________________

Franck habite ______________________

Clara habite ______________________

Sam habite ______________________

b) Kreuzen Sie die richtige Antwort an.

	V	F	?
1. Lucas habite chez ses grands-parents.			
2. Lucas ne va pas très souvent à la campagne.			
3. Il adore le vin biologique de ses grands-parents.			
4. Un jour, Franck déménagera dans une ferme.			
5. Franck est dessinateur.			
6. Il veut aussi habiter à la campagne pour sa femme et ses deux enfants.			
7. Clara va reprendre la ferme de ses parents.			
8. Elle veut passer son permis pour pouvoir rouler en tracteur.			
9. Clara habite une maison avec son copain.			
10. Sam rêve d'avoir une ferme parce qu'il aime les vaches.			
11. Il apprend son métier dans une entreprise qui travaille à la campagne.			
12. Pour lui, le développement durable, c'est ennuyeux.			

Lesen und verstehen

12 Lesen Sie das folgende Dokument und kreuzen Sie die richtige Antwort an.

Accueil | Notre catalogue | Notre histoire | Nous trouver | Nous contacter

Le label AB

Nos fruits

Nos céréales

Nos fleurs

Nos vins

Notre miel

Notre gîte

Bienvenue chez la famille Deschamps

Nous sommes quatre frères et sœur qui avons décidé, en 2004, de reprendre la ferme de nos parents, Paul et Ginette. Nos parents nous ont donné depuis toujours le goût de la nature. Comme beaucoup de jeunes dans nos campagnes, nous avons d'abord choisi de vivre en ville. Daniel a commencé par être agent immobilier à Bordeaux, Véronique puéricultrice à Toulouse, François prof de maths à Montpellier et Thomas employé dans une agence de voyages à Lyon. Mais nous sommes tous revenus en Aquitaine, à 20 kilomètres de Bordeaux, quand nos parents ont décidé de vendre leur exploitation.

Nous avons changé de métier, suivi des formations et modernisé la ferme.

Aujourd'hui, notre ferme est totalement biologique.

Tous nos produits ont reçu le label AB.

Nous proposons aussi un gîte dans un moulin pour 4 à 6 personnes.

Toute l'énergie qu'utilise cette maison est renouvelable.

Daniel, Véronique, François et Thomas Deschamps

1. C'est la page Internet d'une famille qui raconte sa vie à la campagne ☐ qui travaille dans la même exploitation agricole ☐ qui fait son arbre généalogique ☐
2. Cette famille a fait ce site pour avoir des clients ☐ se faire des amis ☐ rester en contact avec les autres personnes de la famille ☐.
3. Paul est le frère ☐ le père ☐ le grand-père ☐ le voisin ☐ de Daniel, Véronique, François et Thomas Deschamps.
4. La ferme se trouve à côté de Paris ☐ Bordeaux ☐ Montpellier ☐ Toulouse ☐ Lyon ☐.
5. La ferme produit du lait ☐ des fromages ☐ des panneaux solaires ☐ du pain ☐ des poireaux ☐ des céréales ☐.
6. 2004, c'est l'année où Paul et Ginette sont partis en vacances ☐ ont décidé de vendre leur ferme ☐ ont acheté un moulin pour Daniel, Véronique, François et Thomas ☐.
7. Les Deschamps font du bio parce qu'ils ont appris à aimer la nature avec des profs ☐ leurs grands-parents ☐ Paul et Ginette ☐ des amis ☐.

Lesen und schreiben

13 Lesen Sie die folgenden Texte und beantworten Sie die Fragen.

Bio : la France ne montre pas l'exemple.
En 2011, la France compte 20000 agriculteurs biologiques contre 13298 en 2008. Chaque année, il y a d'ailleurs plus d'agriculteurs bio, environ 30 % en plus. Cependant, seulement 2,6 % des surfaces sont consacrées à l'agriculture bio contre 17,4 % en Autriche, 7,9 % en Italie et 5,9 % en Allemagne. Pour le bio, la France est dans les dernières places des pays européens : à la 22e.

Du vin bio
En 2012, près de 10 % des vignes françaises seront bio. C'est le sud-est de la France, en particulier la Provence, la vallée du Rhône où 30 % des exploitations sont devenus bio ou sont en train de le devenir, qui est la région la plus dynamique. Le bio a également beaucoup de succès dans le Languedoc-Roussillon. C'est plus difficile pour le bio en Aquitaine, où seulement 10 % des exploitations sont bio.

Les Galeries Lafayette ont ouvert leur restaurant bio à Paris.
Le « Lafayette organic » propose des recettes bio faites sur place par des cuisiniers qui achètent leurs produits bio à Paris et dans la région parisienne. Le restaurant veut faire découvrir « le bon goût des produits bio » à ses clients.
Dès 8h30 le matin, ils peuvent boire un café ou un chocolat chaud et manger des gâteaux bio.
Le restaurant ferme à 20 heures.

1. Est-ce que la France est un peu en retard pour le bio ? Pourquoi ?

____

____

2. Quelle est la tendance du bio en France en 2011 ?

____

3. Pourquoi est-ce que les Galeries Lafayette ont ouvert un restaurant bio ?

____

____

4. Quand est-ce qu'on peut aller au « Lafayette organic » ?

____

5. Est-ce que le secteur du vin peut être un exemple pour les agriculteurs ?

____

____

Leçon 4

Die Steigerung der Adjektive und der Vergleich

W Sie wissen schon, dass sich die Adjektive im Französischen in Numerus und Genus nach dem Nomen richten, das sie näher beschreiben. Wenn man verschiedene Sachen oder Personen miteinander vergleichen möchte, muss man Adjektive steigern.

	Yohann est plus **stressé** qu'Amélie.	+	… gestresster als…
1. **Komparativ**	Amélie est aussi **stressée** que Marie.	=	… genauso gestresst wie…
	Saïd est moins **stressé** que Yohann.	–	… weniger gestresst als…

Der **Komparativ** wird gebildet, indem man ***plus* (+)**, ***aussi* (=)** oder ***moins* (–)** vor das Adjektiv stellt.
Das **Bezugswort des Vergleichs** wird immer durch ***que/qu'*** angeschlossen (Deutsch: „als" und „wie").

	Yohann est le plus **âgé** (des copains).	+ +	… der Älteste…
2. **Superlativ**	Amélie est la moins **âgée** (des copains).	– –	… die Jüngste…

Der **Superlativ** wird gebildet, indem man ***plus* (+)** oder ***moins* (–)** vor das Adjektiv stellt.
Wenn es ein **Vergleichswort** gibt, wird es mit ***de/d'/des*** angeschlossen.

! Bitte beachten Sie noch folgende **Besonderheiten**:
- Adjektive, die normalerweise vor dem Nomen stehen, können auch im Superlativ vor dem Nomen ihren Platz haben: *Berlin est **la plus grande** ville d'Allemagne.*
  Beim Superlativ können Sie statt des Artikels auch einen Possessivbegleiter verwenden: *C'est **ma plus belle** veste.*
- Das Adjektiv ***bon*** hat besondere Steigerungsformen (**ohne *plus***):
  bon/bon gut **meilleur(e)** besser **le/la meilleur(e)** der/die/das beste

1 Traduisez.

1. Nach der Arbeit ist Pascal müder als Muriel. ______
2. Pascal ist der beste Chocolatier der Stadt. ______
3. Er ist besser als sein Freund Marc. ______
4. Amélie ist weniger nett als ihre Schwester. ______
5. Marie ist die coolste Studentin der Uni. ______
6. Sie ist genauso witzig wie ihre beste Freundin. ______
7. Die Schweizer Schokolade[1] ist teurer als die anderen. ______
   ______
8. Das sind meine schönsten Produkte. ______

1 **die Schweizer Schokolade** le chocolat suisse

Die Verben auf *-ir* mit Stammerweiterung: *choisir, finir, garantir, investir, réfléchir*

W Sie kennen bereits eine Gruppe regelmäßiger Verben auf ***-ir***: *dormir, partir, sortir.*

je dor**s**	nous dorm**ons**
tu dor**s**	vous dorm**ez**
il dor**t**	ils dorm**ent**

Es gibt noch eine zweite Gruppe regelmäßiger Verben auf ***-ir***: Diese Verben **erweitern ihren Stamm im Plural um -ss-**.

	choisir	**finir**	**réfléchir**
je	choisi**s**	fini**s**	réfléchi**s**
tu	choisi**s**	fini**s**	réfléchi**s**
il/elle/on	choisi**t**	fini**t**	féfléchi**t**
nous	choisi**ss**ons	fini**ss**ons	réfléchi**ss**ons
vous	choisi**ss**ez	fini**ss**ez	réfléchi**ss**ez
ils/elles	choisi**ss**ent	fini**ss**ent	réfléchi**ss**ent
j'ai	choisi	fini	réfléchi

Ebenso: *garantir, investir*

2 Complétez avec les formes des verbes ***choisir***, ***finir***, ***garantir***, ***investir***, ***réfléchir***.

1. Anne : Voilà, je/j' ____________________ (finir ; passé composé) mon travail. ____________________ (finir) la soirée dans un bon restaurant !
   Bruno : Bonne idée !
2. Le garçon : Vous ____________________ (choisir) ?
   Anne : Non, je ____________________ (réfléchir) encore. Quand j'étais jeune, ma mère ____________________ (choisir) toujours pour moi.
   Le garçon : D'accord. ____________________ (réfléchir) bien et ____________________ (choisir) ce qui vous plaît.
3. Mme Lagarde : Vous avez modernisé votre entreprise ?
   M. Dubois : Oui, on ____________________ (investir) 100 000 € dans la boutique. Cela ____________________ (garantir) une augmentation de notre chiffre d'affaires.
4. Les frères Dutronc ____________________ (investir ; futur simple) beaucoup d'argent dans des nouvelles machines.
5. Ils ____________________ (réfléchir) à la fabrication d'une nouvelle gamme de produits.

Die Relativpronomen *ce qui* und *ce que*

W Sie kennen schon die Relativpronomen ***qui*** und ***que***:

Luc est un homme	**qui** vient de Côte d'Ivoire.	(„Wer?" oder „Was?")	→ Subjekt
C'est un chef	**que** tout le monde aime.	(„Wen?" oder „Was?")	→ direktes Objekt

Nun lernen Sie ***ce qui*** und ***ce que*** kennen :

Ce qui m'amuse, ce sont tes idées drôles. — **Was** mich amüsiert, sind deine lustigen Ideen.
Ce que tu dis est vrai. — **Was** du sagst, ist wahr.
Il accepte tout **ce qu'**elle fait. — Er akzeptiert alles, **was** sie macht.

Das deutsche Relativpronomen „was" wird mit ***ce qui*** und ***ce que*** übersetzt.
Ce qui ist **Subjekt**, ***ce que*** ist **direktes Objekt** des folgenden Verbs.
Ce que wird vor Vokal und stummem *h* zu ***ce qu'*** verkürzt.

Ce qui oder ce que ?
qc amuse les gens — *qc ist Subjekt* → *ce qui amuse les gens...*
dire qc — *qc ist direktes Objekt* → *ce que vous dites n'intéresse personne.*

3 Complétez avec *ce qui* ou *ce qu'*/*ce que*.

1. ____________ j'ai beaucoup aimé en Côte d'Ivoire, c'est la nature.
2. ____________ est marrant, ce sont les fringues de ma sœur.
3. ____________ me plaît, ce sont les activités qu'on peut faire ici.
4. ____________ elle n'aime pas, ce sont les gens qui l'ennuient.
5. ____________ il ne comprend pas, c'est pourquoi Marc a acheté cette vieille voiture.
6. C'est incroyable ____________ se passe là-bas.
7. Ce n'est pas ____________ j'ai dit.

4 Traduisez les phrases suivantes.

1. Macht, was ihr wollt. ____________________
2. Man tut, was man kann. ____________________
3. Das ist alles, was ich für dich machen kann. ____________________
4. Ist das alles, was Sie wissen wollen? ____________________

Wortschatz der Lektion

5 Complétez le champ lexical sur le chocolat.

le chocolat

- un ef____ p________
- avec mo___________
- une fè__
- le ca___
- go_________e
- con_______r
- une m________ pr________
- ri____ en ___________
- un cad____
- dé__________, dé___________
- un em__________
- un ca____ de __________
- une ta_________ de __________

6 Dites-le autrement. Utilisez :

la plupart | se réveiller | la moitié | la majorité | un quart | une minorité

1. 25 % des exportations vont en Côte d'Ivoire.
____
2. 50 % des Français au travail sont des femmes.
____
3. 33 % des Français âgés de 18 ans n'ont pas le bac.
____
4. 70 % des clients sont très contents des produits de la maison ChocSaveur.
____
____
5. En 2012, 51 % des entreprises investiront dans des nouveaux produits.
____
6. Peu de gens savent parler quatre langues étrangères.
____

7 Complétez à l'aide des nouveaux mots de la leçon 4.

1. Quand une entreprise achète des nouvelles machines, elle i_______________.
2. Manger et boire, c'est c_______________.
3. Mettre une chose à la place d'une autre, c'est r_______________.
4. On aime manger des bonnes choses, on est g_______________.
5. Quand le chef paie trop mal ses employés, il les e_______________.
6. Deux entreprises qui fabriquent les mêmes produits se font c_______________.
7. Quand on a 18 ans, on est a_______________.
8. Une entreprise fabrique ses produits dans une u_______________.
9. Un autre mot pour « augmentation » : une h_______________.
10. Pâques et Noël sont des _______________.
11. Quand on n'a pas de machines, il faut travailler _______________.

Stratégie: Wortbildung

8 Lesen Sie noch einmal die Strategien zur Wortbildung im Schülerbuch auf Seite 31, mit deren Hilfe Sie unbekanntes Vokabular erschließen können.

a) Schauen Sie sich nun die folgenden Nomen an. Auf welches Verb sind die folgenden Nomen zurückzuführen? Finden Sie eine passende Übersetzung.

une signification		
une diminution		
un remplacement		
une réflexion		
une garantie		
un soutien		

b) Auf welches Adjektiv sind die Verben zurückzuführen? Übersetzen Sie das Verb.

grossir		
sécher		

c) Suchen Sie nun das Nomen und übersetzen Sie das Verb.

produire		
emballer		

9 Sagen Sie, dass

1. … Sie das ganze Jahr über Schokolade in Maßen essen.

___

2. … man die beste Schokolade in der Schweiz findet.

___

3. … eine gute Tafel Schokolade köstlicher als ein Apfel ist.

___

4. … Sie ein Unternehmen gründen möchten.

___

5. … Sie viel in die Ausbildung investieren werden.

___

Hören und verstehen

13–17 **10** **a)** Ecoutez l'émission et cochez la bonne réponse.

1. Radio Cité est au Salon du chocolat pendant
   deux ☐ trois ☐ cinq ☐ jours.
2. Le thème de l'émission de Radio Cité est
   « l'amour et le chocolat » ☐ « le chocolat de l'amour » ☐ « l'amour du chocolat » ☐.
3. Elodie, Nina, François, Zoé et Lucas sont
   des chocolatiers ☐ des visiteurs du salon ☐
   des importateurs de cacao ☐.

b) De qui est-ce qu'on parle ?

	Elodie	Nina	François	Zoé	Lucas
1. Il/Elle n'achète pas son chocolat dans un hard discount.					
2. Il/Elle veut que ses enfants mangent moins de chocolat.					
3. Il/Elle est prêt(e) à payer plus pour un chocolat bio et équitable.					
4. Il/Elle a un chocolatier à côté de chez lui/elle.					
5. Il/elle n'oublie pas que le chocolat avec plus de 70 % de cacao a des effets très positifs pour la santé.					
6. Il/elle n'aimait pas le chocolat quand il/elle était enfant.					
7. Il/elle n'achètera plus de barres chocolatées.					
8. Pour lui/elle, un bon chocolat a plus de 70 % de cacao.					
9. Il/elle consomme du chocolat avec sa grand-mère.					
10. Il/elle rêve que ses enfants deviennent des amateurs de chocolat.					

Hören und schreiben

18 **11** Ecoutez la discussion entre Marie et Antoine et répondez aux questions suivantes.

1. Où mangent Marie et Antoine ? ______________________________
2. Est-ce que Marie et Antoine sont copains ? ______________________________
3. Quelle question Marie pose à Antoine ? ______________________________
   ____
4. Que propose Marie ? ______________________________
5. Que préfère Antoine ? ______________________________
6. Est-ce que Marie a envie d'un gâteau ? ______________________________
7. Que dit Marie à Antoine ? ______________________________
8. Que répond Antoine à Marie ? ______________________________
9. Pourquoi Antoine ne veut pas prendre de dessert ? ______________________________
   ____
10. Que décide Antoine ? Pourquoi ? ______________________________
    ____
11. Comment Antoine trouve sa sœur ? ______________________________
12. Pour Antoine, à qui ressemble Patrick, le mari de sa sœur ? ______________________________
13. Est-ce que Marie est d'accord avec Antoine ? Pourquoi ? ______________________________
    ____
14. Que décide Marie ? ______________________________
    ____

Lesen und verstehen

12 a) Lisez la lettre.

Equithécho
14 boulevard Magenta
75010 PARIS

Société Cacao Côte d'Ivoire
137 rue de la Félicité
ABIDJAN – CÔTE D'IVOIRE

Paris, le 11 octobre 2011

Madame,

Comme vous le savez, notre société est une entreprise française implantée dans toute l'Europe, mais surtout en Espagne et en Allemagne. Nous avons créé une chaîne de magasins spécialisés dans la vente de chocolats et de thés équitables, mais où nous proposons également des produits bio de qualité. Nous avons actuellement 57 lieux de vente. Nous avons également investi dans deux ateliers de fabrication de chocolats en France, à Lyon et Paris, où nos clients nous demandent des produits de grande qualité.

En général, nos clients sont des consommateurs qui s'intéressent non seulement à la provenance du chocolat ou du thé qu'ils consomment mais aussi à la façon dont les matières premières sont produites.

Nous leur garantissons que notre cacao et notre thé viennent de plantations où on n'exploite pas la main d'œuvre et où les gens reçoivent des salaires corrects. L'argument de l'environnement est également très important.

Nous travaillons avec votre société depuis dix ans et, depuis dix ans, nous vous faisons confiance pour importer des matières premières de qualité. Nous avons d'ailleurs investi dans plusieurs plantations.

Or, une association nous a contactés pour nous informer qu'au moins un tiers des produits que nous vous achetons ne sont pas équitables.

Mon équipe et moi-même avons donc décidé de venir sur place pour avoir des explications. Dans notre secteur, la concurrence est très forte, et nous ne pouvons pas accepter que les produits que nous vendons ne respectent pas nos engagements.

Mon assistante prendra contact avec vous pour organiser notre voyage dans les plantations et dans les usines.

Croyez, Madame Fakoly, en l'expression de mes salutations distinguées.

Nathalie DUMOULIN
Directrice de production

b) Vrai ou faux ? Cochez la bonne réponse.

	Vrai	Faux
1. La société de madame Fakoly a 57 magasins dans toute l'Europe.		
2. Equithécho vend des chocolats et des thés équitables et bio.		
3. Cette entreprise fabrique ses chocolats dans deux usines françaises.		
4. Les clients d'Equithécho veulent surtout des chocolats pas chers.		
5. La provenance des matières premières n'intéresse pas les clients d'Equithécho.		
6. Equithécho et la société Cacao Côte d'Ivoire travaillent ensemble depuis dix ans.		
7. Equithécho a investi de l'argent dans plusieurs plantations en Côte d'Ivoire.		
8. Madame Dumoulin a reçu une mauvaise nouvelle : 30% des produits importés sont équitables.		
9. Elle a décidé qu'elle allait faire un voyage en Côte d'Ivoire.		
10. En Côte d'Ivoire, Nathalie Dumoulin veut surtout se reposer.		

Lesen und Informationen herausfinden

13 Lisez l'annonce : A votre avis, qui est le meilleur candidat ?

CHOC'IN recherche : CHEF D'USINE en Côte d'Ivoire

- Mission : Sous l'autorité du directeur d'usine, vous vous occuperez de la gestion de la production et du personnel de l'usine ; du contrôle des machines de production ; de la maintenance du matériel de l'usine ; du contrôle d'un environnement sain dans l'usine.
- Profil: Master/BAC+5 en Agro-industrie, électromécanique ou électrotechnique.
  Etre âgé de 30 ans ou + avec une expérience de 7 ans ou + dans le secteur. Anglais obligatoire.
- CV, photo et lettre de motivation à l'adresse e-mail suivante : gestion@chocin.com

1

Jean Bertrand, 30 ans
- Master + école d'ingénieur
- ingénieur depuis 5 ans
- anglais, espagnol, allemand
- expériences en Afrique (Cameroun, Gabon)

2

Vincent Botteré, 37 ans
- Bac+ 6 électromécanique
- 10 ans d'expérience dans l'agro-industrie en Afrique et Amérique du Sud
- espagnol, swahili

3

Vanessa Vallée, 32 ans
- Master en électrotechnique
- travaille depuis sept ans comme chef d'usine en France.
- anglais, français

Leçon 5

Der Bedingungssatz (I)

Der Bedingungssatz setzt sich aus zwei **Teilsätzen** zusammen.
Der **Nebensatz** drückt eine **Bedingung** („wenn/falls“) aus, der **Hauptsatz** die **Folge** („dann“):

Nebensatz: Bedingung	**Hauptsatz: Folge**
Wenn/Falls es am Wochenende schön ist,	(dann) machen wir ein Picknick am Strand.
S'il fait beau ce week-end,	nous ferons un pique-nique sur la plage.

Es gibt verschiedene Arten von Bedingungen. Hier geht es um die Bedingungen, die der Sprecher für **möglich** oder **wahrscheinlich** hält.
Si j'ai le temps, j'irai au cinéma.

Wenn die Erfüllung der Bedingung als **möglich** oder **wahrscheinlich** angesehen wird, steht im ***si***-Satz das **Präsens**, im Hauptsatz in der Regel das **Futur**.

1 Faites des phrases. Mettez les verbes au temps qui convient.

1. Si / tout /aller bien / Thierry/ réussir / à réaliser son projet

   ____

2. Si / tu / vouloir / on / manger / ensemble

   ____

3. Si / vous / avoir / un problème / vous / pouvoir / m'appeler

   ____

4. Si / je / être / au salon / je / contacter / monsieur Dupré

   ____

5. Si / la concurrence / ne rien faire / ce / être / un avantage pour nous

   ____

6. Si / le réseau / ne pas marcher / on / appeler / l'assistance dépannage

   ____

7. Si / les candidats / être / vraiment bons/ nous /les engager

   ____

8. Si / les / entreprises / vouloir réussir / elles / devoir / investir.

   ____

Die Verben auf *-dre*

Mit den Verben auf ***-dre*** lernen Sie nun die letzte Gruppe **regelmäßiger** Verben kennen.

	répondre			
je	répon**ds**	**Imparfait**	**Impératif**	**Passé composé**
tu	répon**ds**	je répondais	Réponds.	j'ai répond**u**
il/elle/on	répon**d**		Répondons.	
nous	répon**dons**	**Futur simple**	Répondez.	
vous	répon**dez**	je répondrai		
ils/elles	répon**dent**			

Ebenso: ***attendre, entendre, perdre***

Die Verben auf ***-dre*** haben im Präsens die Endungen ***-s, -s, -d, -ons, -ez, -ent***.
Nur die Endungen ***-ons*** und ***-ez*** werden ausgesprochen.

! Beachten Sie die Aussprache:

il répond	[ilʀepɔ̃]	il entend	[ilɑ̃tɑ̃]
ils répondent	[ilʀepɔ̃d]	ils‿entendent	[ilzɑ̃tɑ̃d]

2 Complétez avec les formes des verbes attendre (a), entendre (e), perdre (p) et répondre (r).

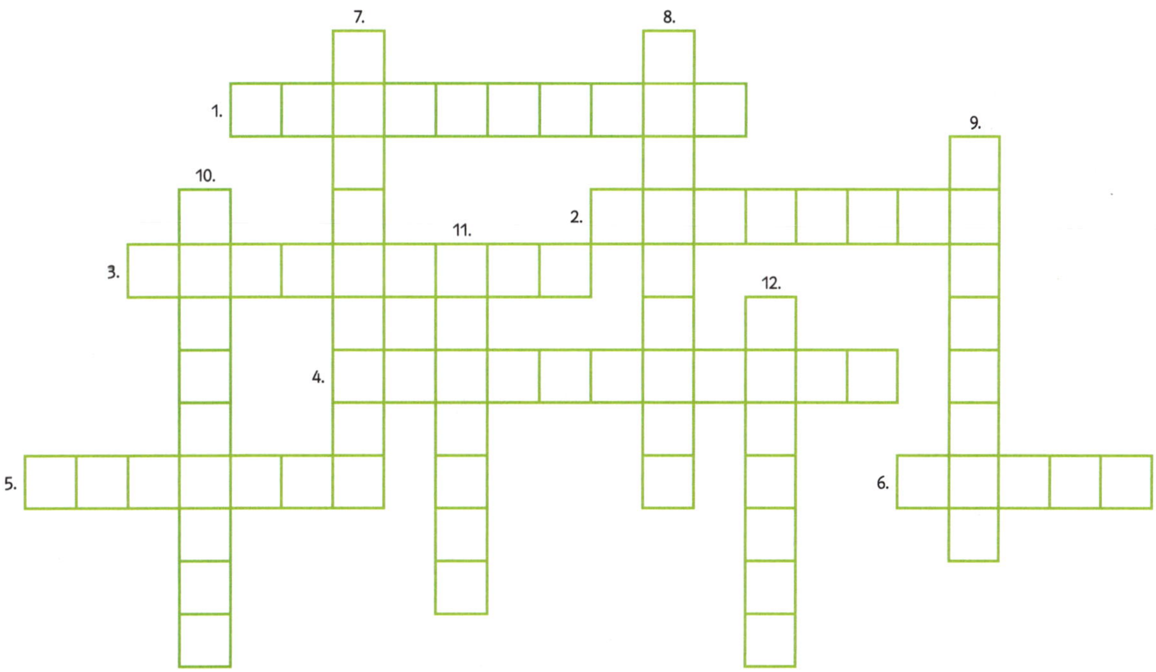

1. (e) : 2. Pers. Pl. futur simple
2. (p) : 3. Pers. Pl. futur simple
3. (r) : 3. Pers. Pl. présent
4. (a) : 3. Pers. Pl. imparfait
5. (p) : 1. Pers. Sg. imparfait
6. (p) : 2. Pers. Sg. présent
7. (a) : 2. Pers. Sg. imparfait
8. (e) : 3. Pers. Sg. imparfait
9. (a) : 2. Pers. Pl. présent
10. (r) : 2. Pers. Sg. futur simple
11. (e) : 1. Pers. Sg. présent
12. (r) : Participe passé

Das Verb *recevoir*

	recevoir			
je	reçois	**Imparfait**	**Impératif**	**Passé composé**
tu	reçois	je recevais	Reçois.	j'ai reçu
il/elle/on	reçoit		Recevons.	
nous	recevons	**Futur simple**	Recevez.	
vous	recevez	je recevrai		
ils/elles	reçoivent			

3 a) Complétez avec les formes du verbe recevoir. Faites attention aux temps.

R		C	E	V	A				T	■	R				V	R		N	
R	E				S	■		E	C			R		S	■		E		
R	E		E	V				S	■	R	E		E	V		N	S		

b) Mettez les bonnes formes du verbe recevoir.

1. Monsieur Bordas dit : « Je ne ____________________ jamais de journalistes ».
   Il ne les ____________________ pas parce qu'il ne les aime pas.
2. Hier, j' ____________________ un message de mes meilleurs clients :
   ils me ____________________ (futur simple) au Salon des Entrepreneurs mardi prochain.
3. Avant la formation des nouveaux collaborateurs, Thierry et Ling ____________________ souvent des réclamations. Maintenant, ils ____________________ des compliments pour leur service.

4 Formez les bons mots et ajoutez l'article si nécessaire. Traduisez le mot.

	Mot	Traduction
1. po ex sant		
2. mar che dé		
3. er voy en		
4. vrai li son		
5. er dé ch cro		

Wortschatz der Lektion

5 Suchen Sie die passenden Wörter aus dem Bereich **Computer** und **Informationstechnologie**. Vervollständigen Sie die Sätze und füllen Sie das Kreuzworträtsel aus. Welches Wort verbirgt sich hinter den grauen Kästchen?

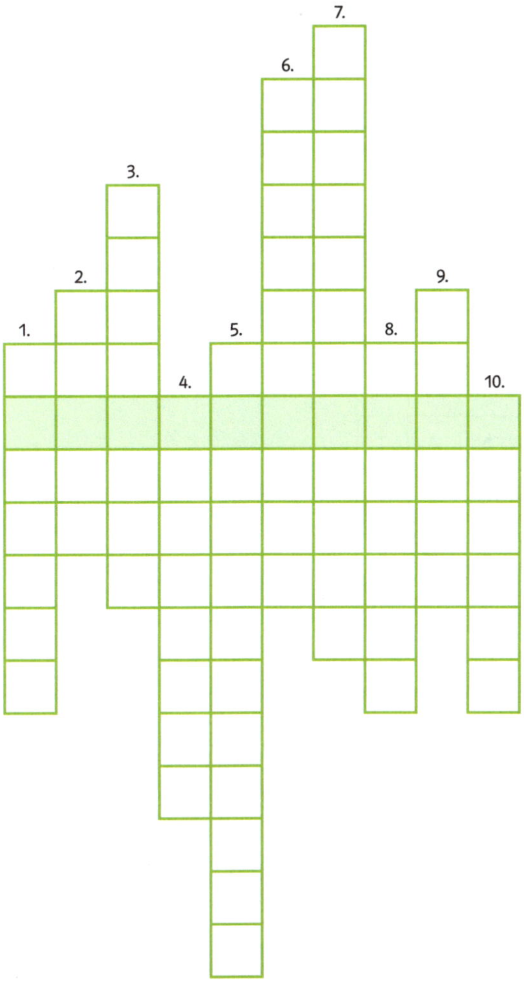

- Tu as des problèmes techniques ? Appelle la (1).
- Je ne peux pas lire le texte. Ton (2) est vraiment trop petit.
- Elle a appelé le (3) de la société informatique mais personne n'a répondu.
- J'ai trouvé cette information sur (4) .
- L'(5) n'a pas réussi. Il faut téléphoner à l'assistance dépannage.
- Hier, nous avons acheté une nouvelle (6). Les couleurs sont très bonnes.
- Thierry demande un devis à la société (7) tophardware.com.
- Le (8) de Thierry n'est pas très performant.
- Tophardware.com offre un grand choix d'écrans 24 (9) à des prix intéressants.
- Le technicien met tout le matériel informatique en (10) .

6 Suchen Sie aus dem Wortgitter die Wörter aus der Wortfamilie **Unternehmen** und **Unternehmensgründung** heraus.
Schreiben Sie die Wörter auf und fügen Sie den unbestimmten Artikel hinzu.

D	E	T	U	D	E	D	E	M	A	R	C	H	E	F
A	N	O	C	H	D	I	R	E	C	T	E	U	R	I
F	T	L	C	O	N	T	R	A	T	O	F	C	R	D
E	R	D	E	L	A	I	B	L	I	N	P	R	E	E
I	E	A	G	F	I	N	A	N	C	E	M	E	N	T
M	P	I	O	Q	E	F	N	V	A	L	E	D	A	R
U	R	I	O	P	N	A	Q	U	T	E	R	I	M	A
D	E	M	A	N	D	E	U	B	E	T	A	T	I	V
E	N	V	S	O	C	I	E	T	E	S	U	I	R	A
C	E	Y	B	L	I	V	R	A	I	S	O	N	A	I
B	U	S	I	N	E	S	S	P	L	A	N	O	Z	L
P	R	O	D	U	I	T	X	O	R	V	H	E	L	P

Waagerecht

____

____

____

Senkrecht

____

____

7 Traduisez.

1. Madame Doumergue ist enttäuscht. ______________________________
2. Sie hat kein Vertrauen mehr. ______________________________
3. Ihr Netz ist lahm gelegt. ______________________________
4. Der Kundendienst ist sehr schlecht. ______________________________
5. Seit Dienstag wartet sie auf den Pannendienst. ______________________________

____

8 Reliez les élements correspondants pour former des phrases.

Thierry et Ling veulent se mettre	1		A	un business plan.
Ils ont fait	2		B	plusieurs banques.
Ling a préparé	3		C	un crédit.
Thierry a visité	4		D	à leur compte.
Ils ont cherché	5		E	beaucoup de contrats.
Ils ont consulté	6		F	un nouveau bureau.
Ils ont obtenu	7		G	une collaboratrice.
En Chine, Ling a décroché	8		H	le Salon des Entrepreneurs à Paris.
Ils ont dû engager	9		I	un financement.
Il faut encore louer	10		J	une étude de marché.

9 Complétez la lettre de réclamation.

Toulouse, le 10 février

Madame, Monsieur,

Comme vous ne répondez pas à nos messages, nous nous voyons dans l'obligation de vous contacter par ____________ . — Einschreiben

____________ de dix écrans 22 pouces que nous — die Bestellung

avons passée le 15 janvier est arrivée hier. Nous avons dû constater que

____________ de trois écrans était en très mauvais — die Verpackung

état avec la conséquence que deux écrans ne fonctionnent pas. Imaginez

notre situation : j'ai ____________ deux nouveaux — eingestellt

collaborateurs qui ne peuvent pas travailler sans écrans. Nous perdons donc des journées de travail, ce qui pose de grands problèmes à notre

____________ . Nous vous demandons de remplacer — Unternehmen

les deux écrans irréparables et de ____________ nos — erstatten

pertes dans les plus brefs délais.

Nous vous prions d'agréer, Madame, Monsieur, l'expression de nos salutations distinguées.

Gérard Bidot

Petits mots

10 Complétez les phrases avec les mots suivants :

ce qui | plus de… que | d'après | la plupart | en effet | pourtant | rien ne | c'est pourquoi | au début | sans | seulement | avant

1. Depuis ce matin, ______________________ fonctionne dans notre entreprise.
2. ______________________ , il y a eu une panne de la climatisation dans les bureaux du service marketing.
3. ______________________ , nous avons eu une panne générale et tout notre réseau informatique est paralysé.
4. Maintenant, même le standard ne répond plus, ______________________ énerve beaucoup notre chef.
5. Nous avons ______________________ modernisé notre installation de A à Z le mois dernier.
6. ______________________ , notre matériel informatique était trop vieux.
7. ______________________ des postes de travail sont équipés d'écrans, d'ordinateurs et d'imprimantes.
8. Aujourd'hui, nous avons aussi ______________________ collaborateurs ______________________ avant.
9. ______________________ , nous avons décroché plusieurs contrats et nous devons faire face à la demande.
10. ______________________ le responsable de la société informatique, l'assistance dépannage viendra ______________________ dans trois heures.
11. ______________________ notre chef nous a demandé de commencer notre travail ______________________ machine.

Hören und verstehen (1)

19 **11** Ecoutez le texte et cochez la bonne réponse.

1. Michel parle surtout de sa sœur ☐ de sa femme ☐ de son entreprise ☐ de son fils ☐.
2. Il a réalisé son projet quand il avait 25 ans ☐ 24 ans ☐ 49 ans ☐ 33 ans ☐.
3. Il est devenu chef d'entreprise parce que son père lui a donné de l'argent ☐ parce que sa famille avait une entreprise depuis longtemps ☐ parce que c'était ce qu'il voulait faire depuis toujours ☐ parce qu'il était au chômage ☐.
4. Quand il crée son entreprise, Michel a déjà des enfants ☐ des problèmes ☐ la passion de son métier ☐.
5. Avec sa sœur, ils ont des projets ☐ ils n'ont pas réussi à travailler ensemble ☐ ils ont rencontré Cécile ☐ ils sont tous les deux responsables d'Energies France ☐.
6. Michel est content parce qu'il ne travaille plus dans son entreprise ☐ parce que son entreprise existe toujours ☐ parce qu'il gagne beaucoup d'argent ☐.

Hören und verstehen (2)

20 **12** Vrai ou faux ? Ecoutez le texte et cochez la bonne réponse.

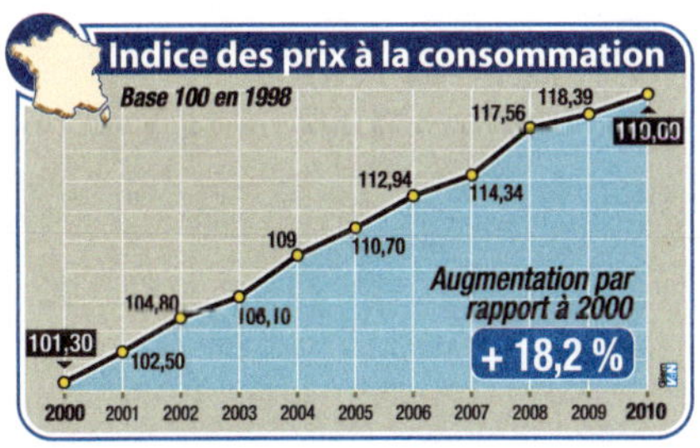

	V	F	?
1. Les petites entreprises françaises vont recevoir un milliard d'euros.			
2. La plupart des chefs d'entreprises pensent que la crise est derrière eux.			
3. Le journal Le Monde parle de ce sondage sur les chefs d'entreprise.			
4. Aujourd'hui, le commerce Chine-Afrique, c'est 10 milliards de dollars.			
5. Les entreprises chinoises investissent en Afrique plus que les entreprises des autres pays.			
6. Il va falloir plus d'argent que l'année dernière pour acheter à manger cette année.			
7. On parle de hausse des prix de 50% pour le café et le beurre.			
8. D'autres pays comme la France et l'Allemagne intéressent aussi les marchés.			

Hören und schreiben

21 ◎ **13** **a)** Ecoutez le dialogue, puis répondez aux questions suivantes.

1. Où est-ce que la scène se passe ?

2. Qui est Elodie Bouvard ?

3. Pourquoi est-ce que Philippe Girardet vient la voir ?

4. Qu'est-ce qui n'est pas facile pour Elodie ?

5. Quand est-ce qu'Elodie a créé son entreprise ?

6. Quel est le conseil n°1 d'Elodie ?

7. Et son conseil n°2 ?

8. Est-ce que Philippe a déjà fait un business plan ?

9. Où est-ce que Philippe veut installer son entreprise et pourquoi ?

b) Résumez le dialogue en quelques phrases.

Lesen, verstehen und schreiben

14 a) Lisez le texte.

7 heures, Clément Lavige arrive devant un petit immeuble moderne où il voit le nom de son entreprise écrit en rouge et en grand. Voilà, c'est le jour J. L'heure est historique pour Clément qui reste un long moment à regarder l'immeuble. Dans la poche de sa veste, il tient les clefs de son entreprise. Pour l'instant, il est encore seul. Mais, dans moins d'une heure, quand ses employés entreront, il sera officiellement le chef de l'entreprise *Lavige en Bio*.
Pour Clément, c'est une nouvelle vie qui commence. Avant, il était employé, il avait un chef et un salaire chaque mois. Maintenant, tout est très différent. D'ailleurs, Clément a un peu peur. Il est en effet responsable de tout dans son entreprise. Il a engagé cinq collaborateurs qui lui ont fait confiance. Plusieurs ont même quitté leur entreprise pour venir travailler avec lui. Clément a aussi investi beaucoup d'argent personnel. Les banques ne l'ont pas toujours aidé et il a vendu sa maison, demandé des financements à ses amis, à sa famille.
Sera-t-il un bon chef d'entreprise ? Est-ce que son concept va marcher ? Est-ce que ses clients seront satisfaits ? Cette nuit, Clément n'a pas beaucoup dormi. Il y a encore trois mois, il n'était pas sûr de pouvoir réaliser son rêve.

b) Quel titre pourrait-on donner à ce texte ? Cochez le ou les titres possible(s).

1.	Le premier jour dans la vie d'un chef d'entreprise	☐
2.	Clément et son chef	☐
3.	Un bon chef d'entreprise	☐
4.	Le plus long jour de ma vie	☐
5.	La nouvelle vie de Clément Lavige	☐
6.	Le rendez-vous de Clément avec l'histoire	☐
7.	Les clefs de l'entreprise	☐
8.	Le rêve de Clément	☐

c) Complétez les phrases suivantes.

1. Ce matin, Clément se lève tôt et il arrive à ______________________ heures devant son entreprise.
2. Cette nuit, il s'est posé beaucoup de questions et il n'a pas pu beaucoup ______________________ .
3. Certains employés ont décidé de travailler avec lui parce qu'ils ont ______________________ en Clément.
4. Pour réaliser son rêve, il a dû demander des ______________________ aux banques, mais surtout à sa famille et à ses amis.

Leçon 6

Die Bildung des *conditionnel présent* (1)

W Das *conditionnel présent* wird genauso abgeleitet wie das *futur simple*: Endungen, die den Präsensformen von *avoir* ähneln, werden an das *-r* des Infinitivs angehängt.

Je parler**ai** tu parler**as** il parler**a** nous parler**ons** vous parler**ez** ils parler**ont**

Das ***conditionnel présent*** wird nach dem gleichen Prinzip gebildet.
Allerdings werden hier die Endungen des *imparfait* an das *-r* des Infinitivs angehängt:

travailler → je travailler**ais**
prendre → tu prendr**ais**
attendre → il attendr**ait**
écrire → nous écrir**ions**
finir → vous finir**iez**
sortir → ils sortir**aient**

1 Mettez les verbes au conditionnel présent.

1. je dors ______________________
2. il range ______________________
3. nous annonçons ______________________
4. tu parles ______________________
5. elle sort ______________________
6. tu t'amuses ______________________
7. on aime ______________________
8. ils s'arrêtent ______________________
9. elles partent ______________________
10. vous racontez ______________________

Die Bildung des *conditionnel présent* (2)

Auch beim *conditionnel présent* gibt es einige **Sonderfälle**.
Bei den **Verben auf *-er* mit zwei Stämmen** wird das *conditionnel présent* von der 1. Person Singular abgeleitet. Vor die Endung fügt man ein *-r* ein.

Infinitiv	Präsens		Conditionnel	
acheter	j'	achète	j'	**achèterais**
préférer	je	préfère	je	**préfèrerais**
appeler	j'	appelle	j'	**appellerais**
se lever	je me	lève	je me	**lèverais**
payer	je	paie	je	**paierais**
emmener	j'	emmène	j'	**emmènerais**

Bei den **unregelmäßigen Verben** gibt es ebenfalls Sonderformen, die man lernen muss:

Mit einfachem „r“			Mit doppeltem „r“			Mit eingeschobenem „d“		
avoir	→	j'aurais	voir	→	je verrais	venir	→	je viendrais
savoir	→	je saurais	pouvoir	→	je pourrais	vouloir	→	je voudrais
être	→	je serais				il faut (falloir)	→	il faudrait
faire	→	je ferais						
devoir	→	je devrais						
pleuvoir	→	il pleuvrait						
aller	→	j'irais						

2 Complétez les phrases. Mettez les verbes au conditionnel présent.

1. Je ______________ une glace s'il vous plaît. — vouloir
2. Je ne sais pas traduire cette phrase en allemand. Et toi, tu ______________ la traduire ? — savoir
3. Bonjour, madame. On fait des interviews dans la rue. On ______________ vous poser quelques questions. Est-ce que vous ______________ d'accord ? — aimer / être
4. Excusez-moi, monsieur, est-ce que vous ______________ me dire où se trouve le laboratoire d'analyses ? — pouvoir
5. Bonjour, madame. Nous ______________ prendre rendez-vous avec le docteur Gaumont. — vouloir
6. Nous sommes ici pour une nuit. Est-ce que vous ______________ une chambre avec salle de bains pour deux personnes ? — avoir

Der Gebrauch des *conditionnel présent*

Mit Hilfe des *conditionnel* kann man deutlich machen, auf welche **Art und Weise** man etwas sagen möchte. Sie können Ihre **Sprechabsichten** wie folgt ausdrücken:

Marc :	J'aimerais devenir médecin sans frontières[1].	▶ Wunsch
	Je gagnerais bien ma vie.	▶ Vermutung
	J'aurais la chance de travailler dans tous les pays du monde.	▶ Möglichkeit
La mère :	Mais tu devrais d'abord passer ton bac !	▶ Ratschlag
Le père :	Est-ce que tu pourrais nous parler du financement de la formation ?	▶ höfliche Bitte

Mit dem *conditionnel présent* kann man einen Wunsch, eine Möglichkeit, eine Vermutung, einen Ratschlag oder eine höfliche Bitte ausdrücken.

1 **un médecin sans frontières** Arzt ohne Grenzen

3 a) Geben Sie bei den folgenden Sätzen an, welche Sprechabsicht vorliegt.

1. Tu ferais mieux de rester au lit. ____________________
2. Marie voudrait bien habiter à la campagne ____________________
3. Elle aurait peut-être une maison avec un grand jardin. ____________________
4. Mais son copain ne serait pas heureux là-bas. ____________________
5. A ta place, je consulterais un médecin. ____________________
6. Est-ce que vous pourriez me donner l'heure ? ____________________

b) Traduisez.

1. Könnten Sie mir helfen?

____

2. An Ihrer Stelle würde ich ein Praktikum machen.

____

3. Der Chef hätte vielleicht Zeit mit Ihnen zu sprechen.

____

4. Ich würde gerne mit dir ins Kino gehen.

____

5. Wir könnten einen schönen Abend verbringen.

____

Das Verb *connaître*

	connaître	kennen(lernen)		
je	connais		**Passé composé**	j'ai **connu**
tu	connais		**Imparfait**	je connai**ss**ais
il / elle / on	connaît		**Futur simple**	je connaîtrai
			Conditionnel présent	je connaîtrais
nous	connai**ss**ons			
vous	connai**ss**ez			
ils / elles	connai**ss**ent			

4 a) Trouvez les 15 formes cachées du verbe **connaître**.

C	O	N	O	S	I	A										
A	O	N	C	A	S											
S	A	I	R	O												E
S	A	O	C												O	T
C	U	T												N	U	S
I	U													S	O	P
A												C	N	A	N	O
										F	O	L	O	I	C	S
I	U						G	C	O	S	I	E	Z	C	O	V
C	O		B		F		U									
O	C		R		I		M	E	X	B	I	H	A	S	I	T
S	A		I		S		I	L	I	E	R	O	Z	C	O	N

b) Notez les formes qui ont un accent circonflexe.

Waagerecht: ______________________________

____

Senkrecht: ______________________________

____

c) Vervollständigen Sie die folgende Schreibregel:

Ein *accent circonflexe* muss gesetzt werden, wenn dem __ ein __ folgt.

Der Imperativ mit einem Pronomen

W Sie wissen bereits, wie man den Imperativ bildet: *Viens. Sortons. Ne dites rien.*
Sie kennen auch Pronomen wie *me/te/nous/vous/le/la/les/lui/leur/moi/toi.*

Imperativ und Pronomen können in einem Satz verbunden werden.
Dabei müssen Sie auf die Stellung achten: Im bejahten Imperativ stehen die Pronomen **hinter** dem **Verb** und werden mit **Bindestrich** angeschlossen.

Cherche-**les**.	Suche sie!
Levez-**vous**.	Stehen Sie/Steht auf!
Ecris-**moi**.	Schreib mir!

! Beachten Sie: Beim bejahten Imperativ stehen ***moi*** und ***toi*** statt *me* und *te*.

Beim **verneinten** Imperativ gilt die gleiche Wortstellung wie im **Aussagesatz**: Die **Pronomen** stehen **vor** dem **konjugierten Verb**.

Ne **les** cherche pas.	Suche sie nicht!
Ne **vous** levez pas.	Stehen Sie/Steht nicht auf!
Ne **m'**écris pas.	Schreib mir nicht!

5 Répondez aux questions et utilisez l'impératif.

1. Je peux parler au docteur? Oui, ______________________
2. Je réponds à madame Calvaire ? Non, ______________________
3. On t'attend devant le cinéma ? Oui, ______________________ à l'entrée.
4. Où est-ce que je mets tous ces médicaments ? ______________________ dans mon sac.
5. Je prends cette pastille-là ? Non, ______________________ elle n'est pas bonne pour vous.
6. On range le cabinet et la salle d'attente ? Oui, ______________________
7. Je peux me baigner ici ? Oui, ______________________ L'eau est bonne.
8. Je peux manger ce fruit ? Non, ______________________.

Wortschatz der Lektion

6 Complétez.

7 Trouvez **le bon mot**.

1. Quand il y a un accident très grave, il faut tout de suite appeler ____________________.
2. Quand vous ne pouvez plus bouger, une ____________________ vient vous chercher.
3. Ici, vous restez un certain temps quand vous êtes très malade ou blessé : c'est un ____________________.
4. Vous avez mal à la tête ? Prenez un ____________________.
5. Après la consultation, il faut régler ____________________ du médecin.
6. Le médecin vient à la maison du malade : c'est ____________________.
7. La personne qui aide le médecin à soigner les malades à l'hôpital, c'est une ____________________.
8. Un patient se sent mal : il fait un ____________________.

8 Complétez le filet de mots.

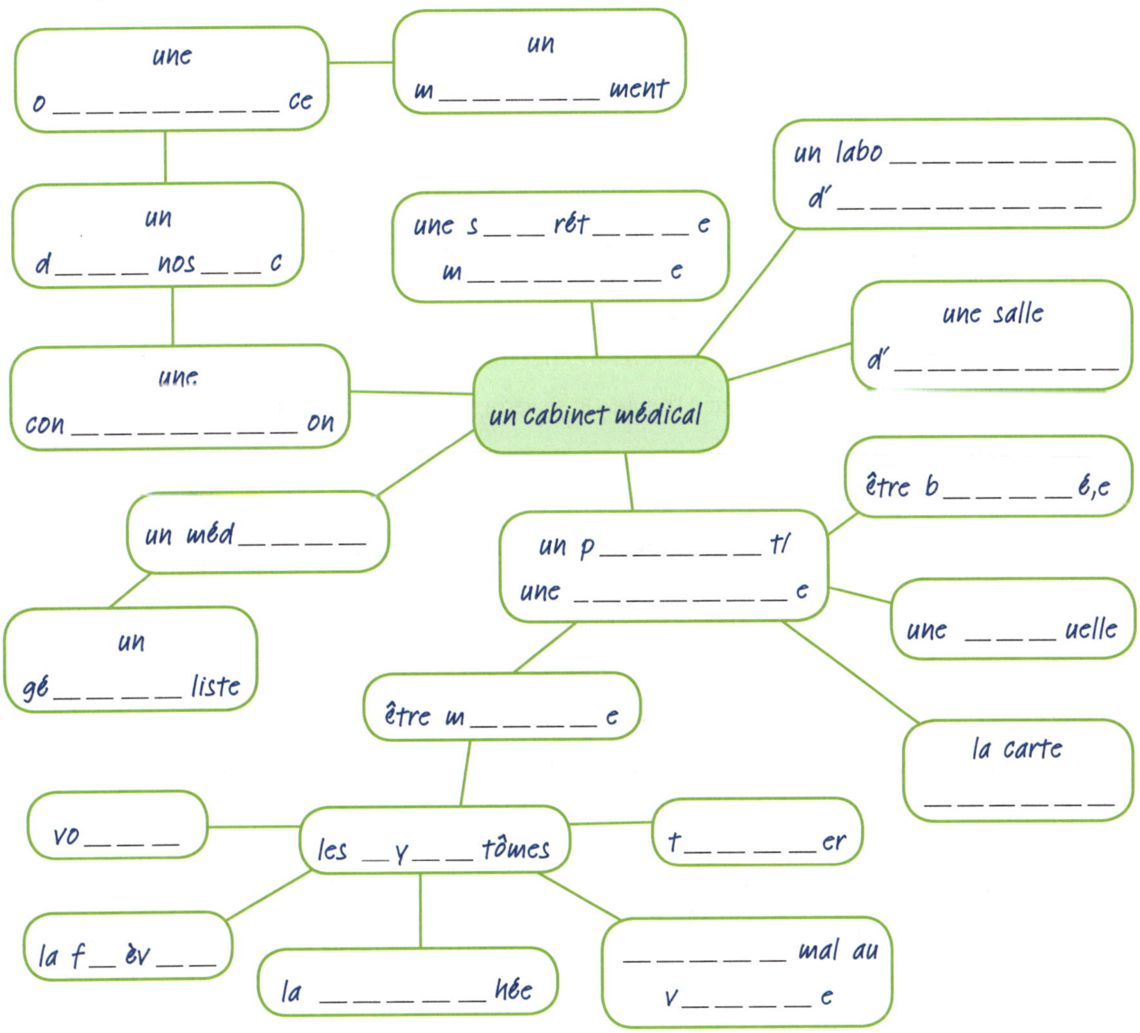

Hören und verstehen

22 9 a) Ecoutez le texte et trouvez le bon résumé.

A

Amélie téléphone à Léa parce qu'elle a mal à la cheville et que Léa travaille dans un cabinet médical. Elle a appelé les urgences et va devoir aller à l'hôpital. Elle ne peut donc pas aller à la réunion de l'école de musique avec Léa. Elle ne veut pas créer une épidémie. Léa ne pourra pas aller à la réunion parce qu'elle a proposé à Amélie de l'emmener aux urgences.

B

Léa appelle Amélie après la réunion de l'école de musique parce qu'elle a eu un malaise devant chez elle. Elle est tombée dans la rue et s'est fait mal à la cheville. Son voisin est venu l'aider, mais il ne peut pas l'emmener aux urgences. Sa voiture est en panne. Léa voudrait qu'Amélie qui a une ambulance l'accompagne à l'hôpital. Mais Amélie a peur de l'épidémie de grippe.

C

La tête, le ventre, le cœur, Léa a mal presque partout. Elle ne va pas bien du tout et se demande si elle n'a pas attrapé la grippe parce qu'il y a une épidémie en ce moment. Elle téléphone à Léa pour lui dire qu'elle n'ira pas à une réunion de l'école de musique. Sa copine lui annonce qu'elle s'est fait mal à la cheville et qu'elle va à l'hôpital. Léa va y aller aussi.

Solution : ______________

b) Ecoutez le texte une deuxième fois et remettez les phrases dans l'ordre.

1.	**Amélie :**	Qu'est-ce qui t'arrive ?	☐
2.	**Léa :**	Mais maintenant j'ai mal au ventre, j'ai mal au cœur aussi et il y a une heure, j'ai fait un malaise !	☐
3.	**Amélie :**	Je suis tombée devant chez moi il y a 15 minutes et je ne peux plus marcher. Mon voisin a dû m'aider pour que je rentre chez moi.	☐
4.	**Léa :**	Bon, ben alors, je te dis à tout à l'heure. On se verra sûrement aux urgences…	☐
5.	**Amélie :**	Salut Léa ! Comment tu vas ?	☐
6.	**Amélie :**	Un malaise ? Tu as été voir un médecin ?	☐
7.	**Léa :**	Pas très bien. C'est pour ça que je t'appelle. Je ne vais pas pouvoir venir ce soir à la réunion de l'école de musique.	☐
8.	**Amélie :**	Oui, bien sûr, l'épidémie n'est pas finie !	☐
9.	**Léa :**	Non, mais je crois que je vais aller aux urgences maintenant…	☐
10.	**Amélie :**	Oui, j'ai très mal à la cheville. Je ne peux pas marcher.	☐
11.	**Léa :**	Tout m'arrive en même temps. Au début, j'avais mal à la tête, au dos et à la gorge. En plus, j'ai 39 de fièvre depuis deux jours. J'ai pensé à une grippe.	☐
12.	**Léa :**	Allô Amélie ? C'est Léa.	☐
13.	**Amélie :**	Oui, tu as raison. Moi aussi !	☐
14.	**Léa :**	Tu es blessée ?	☐
15.	**Amélie :**	Oui, à tout à l'heure à l'hôpital !	☐
16.	**Léa :**	Pourquoi toi aussi ?	☐

Hören, verstehen, lesen

3-27 **10** a) Ecoutez les annonces et cochez la bonne réponse : Qui est qui ?

	Un/une dentiste	Un/une généraliste	Un/une infirmier, ère	un hôpital
Sandrine Delgado				
Virginie Renaud				
Marc Dufour				
David Mercier				
Saint-Joseph				
Pascal Vernet				
Nathalie Mercier				
Vincent Robinet				
Axel Roux				

b) Voici cinq scènes. Quel message va avec quelle scène ?

	N°	**Message 1** « Zut ! », pense Rémi. Une vieille dame est tombée devant la pharmacie. Elle a une plaie à la tête. Rémi lui parle, mais elle ne répond pas. Elle a sans doute fait un malaise. Le pharmacien arrive. Il dit à Rémi d'appeler tout de suite le SAMU.
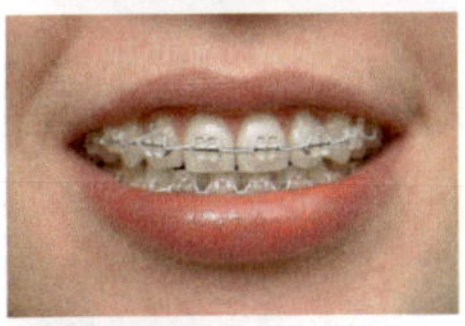		**Message 2** Depuis un mois, Djamila est maman. Son petit garçon va très bien, mais elle doit l'emmener une fois par mois chez le pédiatre qui se trouve à l'hôpital Edouard Herriot.
		**Message 3** Axel, 5 ans, a mal au ventre depuis une semaine. Il n'a pas été à l'école depuis deux jours et sa mère commence à s'inquiéter. Elle décide de l'emmener chez le médecin.
		**Message 4** Son appareil dentaire fait mal à Magali. Elle doit aller chez le dentiste. Elle ne peut plus attendre. Elle se dépêche d'appeler pour prendre rendez-vous, mais le dentiste est en vacances.
		**Message 5** Raymond a passé deux jours à l'hôpital. Maintenant, il est rentré, mais il ne peut pas bouger. Sa jambe lui fait toujours mal et une infirmière doit venir s'occuper de lui matin et soir.

Lesen, verstehen, schreiben

11 a) Lisez le texte ci-dessous.

Métiers : Pourquoi ils ont choisi la santé.

Camille, 17 ans, lycéenne

Moi, je rêve de devenir pompier depuis que j'ai 5 ans. C'est mon rêve d'enfant et je ne l'ai jamais oublié. D'ailleurs, je le suis déjà un peu. En effet, depuis que j'ai 12 ans, je suis jeune pompier volontaire. J'aime bien aider les gens, les soigner, surtout quand c'est une question de vie ou de mort. Je n'ai pas peur de me lever la nuit parce qu'il y a un feu quelque part. Je ne panique jamais. Mais surtout, moi, dans la vie, je veux pouvoir faire des choses pour les autres !

Valérie, 25 ans, secrétaire médicale

Je n'ai pas vraiment choisi de travailler dans un cabinet de dentistes. Mon rêve, c'était la mode. Mais un jour, il y a deux ans, j'avais très mal aux dents. Je n'étais presque jamais allée chez un dentiste. Quand je suis arrivée dans la salle d'attente, j'ai entendu une discussion entre un dentiste et la secrétaire. J'ai compris qu'ils cherchaient quelqu'un. Je me suis fait soigner et après, j'ai dit au dentiste que le poste m'intéressait parce que je cherchais du travail.

Loïc, 29 ans, infirmier

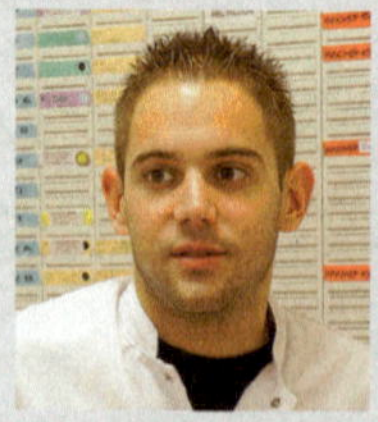

Pour moi, infirmier, c'est le métier idéal, surtout depuis que je me suis mis à mon compte. Notre rôle est très important entre les médecins et les patients. Etre infirmier dans un hôpital, ce n'est pas facile. J'ai travaillé pendant cinq ans aux urgences. J'ai adoré ça, mais on ne peut pas faire ça toute sa vie. Je me suis associé à deux infirmières. On va soigner les gens chez eux le matin très tôt et le soir aussi. Comme nous sommes trois, je ne suis obligé de travailler ni tous les week-ends ni tous les matins à 6 heures.

Max, 31 ans, pédiatre

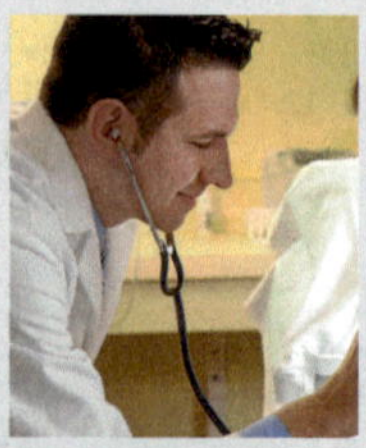

Quand j'ai commencé mes études de médecine, je n'avais pas d'idée de la spécialité que je voulais prendre. Pendant mes études, j'ai rencontré un vieux pédiatre de 85 ans, un monsieur très humain. Je l'ai trouvé super et il m'a donné l'envie de travailler avec des enfants. J'ai compris avec lui que la santé des enfants est une chose très importante.

Zoé, 24 ans, étudiante en pharmacie

Mon père est pharmacien. Ma mère l'est aussi. Je vais m'associer à ma cousine. J'ai pourtant réfléchi à d'autres métiers. Mais finalement, j'adore travailler dans une pharmacie. Je trouve ce métier très intéressant parce qu'on rencontre beaucoup de gens. On peut les aider et leur donner des conseils. Les contacts humains sont très importants.

Laura, 20 ans, ambulancière

Quand j'avais 15 ans, j'ai fait un test d'orientation parce que je ne savais pas ce que je voulais faire. On m'a proposé plusieurs métiers. Le seul qui m'a intéressée, c'est ambulancière. On m'a dit : c'est un métier pour toi parce que tu es très calme. Plus tard, j'ai découvert que j'aimais conduire.

b) Répondez aux questions.

1. Qu'est-ce que ce texte ? ______

2. De quoi est-ce qu'il parle ?

______

3. A votre avis, à quelle question est-ce que les six personnes répondent ?

______

______

______

4. Quelles autres questions pourriez-vous leur poser ? Imaginez au moins deux questions.

______

______

______

______

c) De qui est-ce qu'on parle ? Cochez la ou les bonne(s) réponse(s).

	Camille	Valérie	Loïc	Max	Zoé	Laura
1. Il/elle fait ou va faire le métier de ses rêves.						
2. Il/elle fait le même métier que ses parents.						
3. Il/elle n'avait jamais rêvé de son métier.						
4. Il/elle aime aider les autres.						
5. Il/elle ne s'énerve pas.						
6. Il/elle a eu envie de faire son métier quand il a entendu quelqu'un en parler.						
7. Il/elle veut faire un métier qui aide les gens.						
8. Il/elle a des associés.						
9. Il/elle aurait rêvé de travailler dans un autre secteur.						
10. Il/elle a aimé travailler aux urgences.						

Leçon 7

Die Pronomen *en* und *y*

1. Das Pronomen *en*

W Sie kennen bereits aus verschiedenen Satzkonstruktionen mit ***de*** das Pronomen ***en***.

- Vous prenez de l'eau minérale ? – Oui, j'**en** prends un verre.
- Vous avez des problèmes dans votre entreprise ? – Oui, nous **en** avons beaucoup.
- Tu manges beaucoup de pain ? – Non, j'**en** mange peu.

Das Pronomen ***en*** ersetzt auch **Ortsangaben** und **andere Ergänzungen** mit ***de:***

– Tu reviens **de Paris** ?	– Oui, j'**en** reviens.	– Ja, ich komme **von dort**.
– A qui est-ce que vous avez déjà parlé **de vos problèmes** ?	– J'**en** ai déjà parlé à mes amis. Mais je devrais **en** parler aussi à mes parents.	– Ich habe schon mit meinen Freunden **darüber** gesprochen/**davon** erzählt. Aber ich sollte auch mit meinen Eltern **darüber** reden.

En steht direkt **vor** dem konjugierten Verb.
Wenn jedoch auf das konjugierte Verb ein **Infinitiv** folgt, steht ***en* vor dem Infinitiv**.

1 Répondez aux questions. Utilisez le pronom en.

1. Comment est-ce que tu reviens du lycée ? → ______________________ à vélo.
2. Tu fais du ski ? → Non, je ______________________.
3. Tu aimes parler de musique avec tes copains ? → Oui, ______________________ très souvent avec eux.
4. Tu as pris des photos de l'accident ? → Oui, ______________________ cinq.
5. Quand est-ce que vous êtes rentrés du bureau ? → Nous ______________________ à huit heures du soir.
6. Vous avez besoin d'un guide ? → Non, on ______________________.

2. Das Pronomen *y*

W Sie kennen das Pronomen *y* bereits von dem Ausdruck *il y a* (es gibt) oder *on y va* (Auf geht's!/Los!)

Es gibt noch weitere Anwendungen von *y*:
Das Pronomen ***y*** vertritt **Ortsbezeichnungen**, die mit **Präpositionen** (*à*, *dans*, *en*, *chez* usw.) eingeleitet werden (aber nicht *de*!) und **andere Ergänzungen mit *à***, wenn sie sich auf **Sachen** beziehen.

– Tu vas **à Lyon** cette année ?	– Oui, j'**y** vais demain.	– Ja, ich fahre morgen **dahin**.
– Combien de temps est-ce que tu es resté(e) **chez tes parents** ?	– J'**y** suis resté(e) une semaine.	– Ich bin **dort** eine Woche geblieben.
– Tu penses **à régler la facture** ?	– Oui, j'**y** pense.	– Ja, ich denke **daran**.
– Tu veux aller **en Suisse** ?	– Non, je ne veux pas **y** aller.	– Nein, ich will nicht **dahin** fahren.

Y steht direkt **vor** dem konjugierten Verb.
Wenn auf das konjugierte Verb ein Infinitiv folgt, steht **y vor dem Infinitiv**.

2 Répondez aux questions. Utilisez le pronom y.

1. Tu penses encore au voyage à Bordeaux ? → Oui, ______________________.
2. Est-ce que Marie et Sarah ont participé à la réunion ? → Non, ______________________.
3. Est-ce que Bruno habite toujours à Paris ? → Non, ______________________ plus.
4. Tu réponds à ma lettre ? → Bien sûr, ______________________ bientôt.
5. Tu vas assister au match de rugby ? → Non, ______________________.
6. Tu resteras tout le temps dans ton camion ? → Non, ______________________.

3 Complétez les phrases avec les pronoms y et en.

Maxime : Tu travailles maintenant chez Eulogs SA ?

Serge : Oui, j' _______ travaille depuis un an. C'est une entreprise qui a beaucoup de succès. Il faut _______ profiter. Tu pourrais _______ travailler aussi si tu voulais. Beaucoup de jeunes chauffeurs-routiers comme toi _______ commencent leur vie professionnelle. Hier encore, on _______ a embauché deux.

Maxime : Pourquoi pas ? Je n' _______ ai pas encore pensé. Mais je dois d'abord _______ parler à mes parents et leur expliquer ce qu'on _______ transporte.

Serge : Ah, je comprends. Tu as peur de transporter des déchets chimiques ? Il ne faut pas s' _______ inquiéter : on n _______ transporte pas. On transporte surtout des pièces pour Airbus à Toulouse.

Maxime : Vous allez aussi en Allemagne ?

Serge : Oui, on _______ va tous les jours. Nous _______ ramenons des pièces électroniques. C'est notre spécialité.

Maxime : Qui s'occupe de la logistique ? C'est toi ?

Serge : Non, je ne m' _______ occupe pas. C'est madame Dufour qui _______ est responsable. Moi, je suis technicien.

Die Bildung der Adverbien

Sie wissen bereits, dass Sie mit Adjektiven Eigenschaften von Lebenwesen oder Gegenständen beschreiben können.

Mit **Adverbien** beschreibt man, **wie** man etwas macht oder auf welche **Art und Weise** etwas geschieht. Im Gegensatz zum Deutschen unterscheiden sich im Französischen - wie auch im Englischen - die beiden Wortarten.
Im Gegensatz zum Adjektiv ist das Adverb **unveränderlich**.

Le village est calme.	The village is quiet.	Das Dorf ist ruhig.	Adjektiv
Elle attend calme**ment**.	She waits quiet**ly**.	Sie wartet ruhig.	**Adverb**

Die meisten Adverbien werden vom Adjektiv abgeleitet, indem man an die **feminine Form** des Adjektivs die Endung ***-ment*** anhängt.

heureux	**heureuse**	**heureuse**ment
parfait	**parfaite**	**parfaite**ment
long	**longue**	**longue**ment

Bei Adjektiven, die im Maskulinum **auf Vokal** enden (*facile, vrai* ...) wird an die **maskuline Form** des Adjektivs die Endung ***-ment*** angehängt.

facile	facile**ment**
vrai	vrai**ment**

Es gibt auch Sonderformen:

bon	bonne	**bien**
mauvais	mauvaise	**mal**

Neben den abgeleiteten Adverbien gibt es im Französischen auch solche, die nicht abgeleitet werden müssen und keine spezielle Endung haben. Diese müssen Sie einfach als Vokabeln lernen: ***très, déjà, maintenant, demain, beaucoup, toujours, souvent***.

4 Complétez l'adverbe.

1. grat__________ment
2. seul__________ment
3. simp__________ment
4. dir__________ment
5. régul__________ment
6. sûr__________ment
7. tradition__________ment
8. final__________ment
9. corr__________ment

5 Adverbe ou adjectif ?

1. Un technicien et sa copine regardent un ________________ camion.
2. **Elle :** Tu veux ________________ acheter ce ________________ camion ?
3. **Lui :** Mais oui ! Je suis ________________ que je vais pouvoir le réparer.
   Je vais ________________ en faire un camping-car ________________ .
4. **Elle :** Tu es ________________ ________________ !
5. **Lui :** Ecoute, j'ai envie d'appeler tout ________________ le propriétaire.
   Si je travaille ________________ , nous pourrons faire notre
   ________________ tour en camping-car la semaine ________________ .
6. **Elle :** Prends ________________ ton temps pour parler avec lui et avoir un
   ________________ prix.

gros
vrai vieux
sûr
rapide parfait
total fou
simple
bon
premier prochain
vrai
bon

Die Stellung der Adverbien

Merken Sie sich folgende **Regeln** zur **Stellung des Adverbs** im Satz.

Adverbien des **Ortes**	ici, là, là-bas, partout, à droite, à gauche…	Meist am **Anfang** oder am **Ende** des Satzes (*puis*: nie am Satzende).
Adverbien, die einen **Zeitpunkt** oder eine **zeitliche Abfolge** angeben	aujourd'hui, demain, hier, maintenant… après, avant, d'abord, puis, ensuite, enfin, à la fin…	
Adverbien der **unbestimmten Zeit**	toujours, souvent, déjà, longtemps, longuement, régulièrement, tout de suite, tout à coup, tard, tôt…	Meist **hinter der konjugierten Verbform.**
Adverbien der **Menge** und des **Grades**	beaucoup, énormément, peu, trop, très, assez…	
Adverbien der **Art und Weise**	absolument, certainement, sûrement, facilement, difficilement, seulement, simplement, correctement, vraiment, complètement, gentiment, vite, rapidement, lentement, bien, mal…	Abgeleitete Adverbien auch **nach dem *participe passé*** oder **dem Infinitiv**.
Satzadverbien	heureusement, normalement, finalement…	Fast immer am **Anfang** des Satzes.

6 Mettez l'adverbe à la bonne place.

1. ____________ Marc s'est ____________ réveillé ____________ assez tôt.
2. ____________ il a ____________ rencontré ____________ ses collègues devant le camion.
3. ____________ ils ont ____________ réparé un voyant ____________ .
4. ____________ Marc a fait ____________ le plein ____________ .
5. ____________ deux collègues ont ____________ chargé ____________ le camion.
6. ____________ ils ____________ étaient ____________ en forme !
7. ____________ Marc a ____________ fait ____________ la ligne Paris - Bordeaux.

heureusement
d'abord
puis
après
rapidement
vraiment
souvent

Die Funktionen des Adverbs

Adverbien können ein **Verb (V)**, ein **Adjektiv (Adj.)**, ein weiteres **Adverb (Adv.)** oder einen **ganzen Satz (S)** genauer bestimmen.

7 Was bestimmt das Adverb genauer?
Cochez la bonne réponse et traduisez les phrases.

	V	Adj.	Adv.	S
1. Er findet <u>leicht</u> eine Lösung. ____________				
2. Er ist <u>wirklich</u> sympathisch. ____________				
3. Er kommt <u>sehr</u> spät nach Hause. ____________				
4. <u>Glücklicherweise</u> kann er sich am Wochenende erholen. ____________				

Infinitivsätze mit *après avoir, avant de, pour* und *sans*

Mit ***pour, sans, avant de*** und ***après*** kann man Sätze verkürzen:

Nous avons choisi la société Martin SA. **Nous** voulons avoir le meilleur service.
→ **Nous** avons choisi la société Martin SA **pour avoir** le meilleur service.

Cette société garantit toutes les livraisons. **Elle** ne pose pas de problèmes.
→ **Cette société** garantit toutes les livraisons **sans poser** de problèmes.

Marc part pour l'Espagne. Avant, **il** allume le GPS.
→ **Avant de partir** pour l'Espagne, **Marc** allume le GPS.

Le technicien a parlé à Marc. Puis, **il** répare la panne.
→ **Après avoir parlé** à Marc, **le technicien** répare la panne.

Zwei Sätze, die das **gleiche Subjekt** haben, können miteinander verbunden werden:
1. durch ***pour, avant de, sans* + Infinitiv**
2. durch ***après + avoir + participe passé***

8 Reliez les deux phrases et utilisez l'infinitif avec **pour, sans, avant de, après**.

1. Yann a quitté son bureau. Il voulait parler à son chef.

____

2. Marc traverse souvent des très belles villes. Il ne peut pas les visiter.

____

3. Le chauffeur-routier fait le plein. Puis, il reprend la route.

____

4. François envoie un devis. Avant, François a noté les coordonnées du client.

____

9 Traduisez.

1. Nachdem Paul und Marie gegessen hatten, gingen sie ins Kino.

____

2. Yannick hat ein Auto gekauft, ohne es gefahren zu haben (*rouler avec*).

____

3. Ich fahre ans Meer um zu baden. ____________________

4. Bevor Alex nach Hause geht, kauft er noch ein.

____

Wortschatz der Lektion

10 Trouvez **le bon mot**.

1. Une personne qui connaît très bien son métier est ______
2. Quand on répond à une lettre commerciale, il faut indiquer une ______
3. Cette personne organise la journée d'un chef : ______
4. Quand on fait quelque chose très souvent, on en a ______
5. Les crevettes et les huîtres sont des ______
6. Un endroit où on charge un camion, c'est un ______
7. Un chauffeur-routier roule dans son camion. Il est au ______
8. Le camion s'arrête parce qu'il a ______
9. Quand on transporte des marchandises frigorifiques, il faut garantir la ______
10. La personne qui tient un restaurant est ______

11 Complétez le filet de mots sur **les transports**.

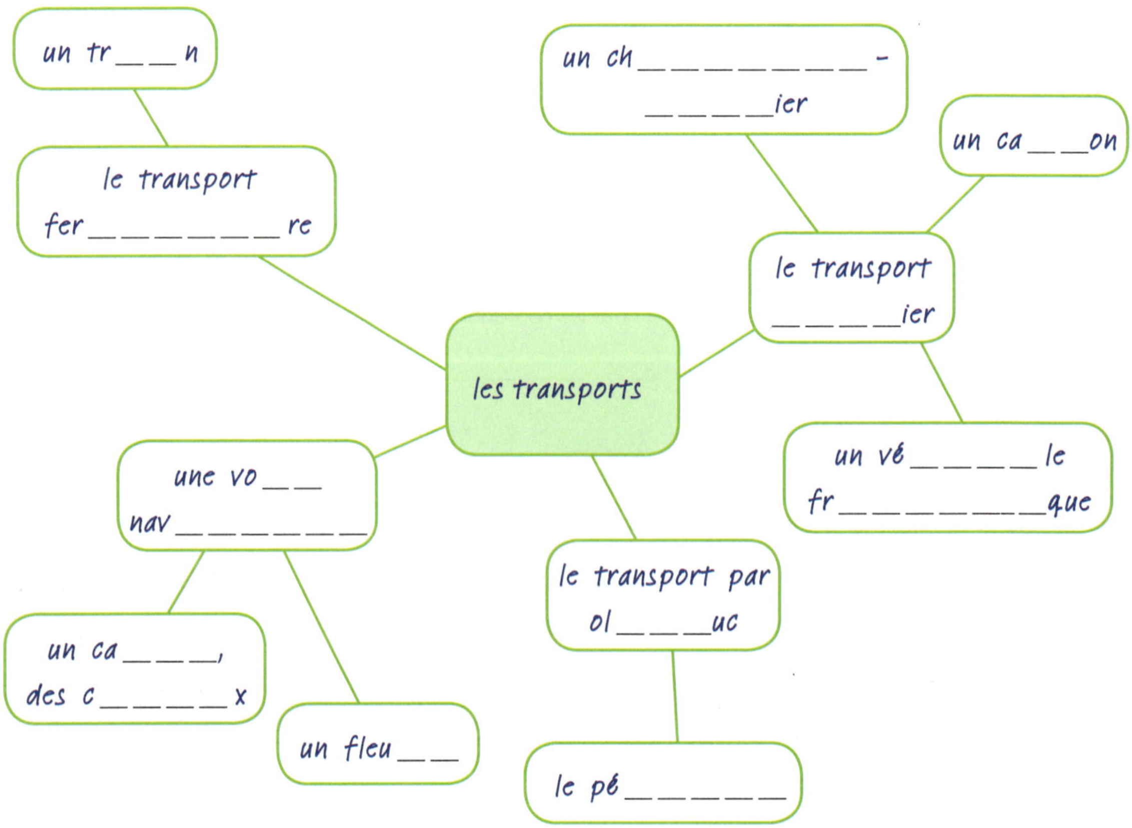

Hören und verstehen

-30 ◎ **12** Ecoutez le texte et complétez le tableau.

De qui est-ce qu'on parle ?	Céline	Jo	Laura
1. Elle a toujours rêvé d'être routier.			
2. Elle n'a pas choisi ce métier.			
3. Au début, elle n'avait pas de problème avec le métier de son mari.			
4. Elle n'aime pas qu'on l'appelle par son prénom.			
5. Elle fait des allers-retours entre le Nord et le Sud de l'Europe.			
6. Tout a changé quand ils ont eu des enfants.			
7. Son père a commencé le métier quand elle était enfant.			
8. Dans un camion, elle se sent à la maison.			
9. Elle a d'abord été chauffeur-livreur.			
10. Elle en a assez d'être seule avec ses enfants.			
11. Elle est déjà souvent partie en camion avec ses parents.			
12. Elle a suivi l'exemple d'un ami.			

Hören und schreiben

32 ◎ **13** Ecoutez le texte, puis complétez les phrases ci-dessous.

1. Il cherche du travail dans le secteur ________________ .
2. Il est intéressé par le service logistique de ________________ de Jacques Trévidic.
3. Il a appris le métier quand il a travaillé ________________ avec ________________ .

1. Il déteste ________________ .
2. Il pense que dans le secteur ________________ , on doit faire attention aux ________________ .
3. Il cherche ________________ ou ________________ pour son service logistique.

4. Pour lui, son ________________ , c'est de ________________ quand il y a des problèmes.
5. Il commencera à travailler dans l'entreprise de Jacques Trévidic dans ________________ .
6. Ses horaires de travail ne seront pas ________________ : il devra travailler ________________ le matin et ________________ le soir.
7. Il devra aussi travailler avec ________________ .

4. L'activité logistique occupe une ________________ importante du travail de son entreprise.
5. Il trouve que le ________________ de Jean Martin est très intéressant.
6. Son entreprise s'occupe du transport de ________________ en Europe par train, bateau ou camion.
7. Il a donné ________________ de Jean à sa secrétaire.

Lesen und schreiben

14 Lisez le texte suivant.

Je regarde tout, le ciel, l'océan, le port, les bateaux qui rentrent après une nuit en mer, les restaurants de coquillages et de fruits de mer. Je me demande si la pêche a été bonne. C'est la question que je posais à Grand-père quotidiennement quand je passais l'été chez mes grands-parents et que je n'avais pas encore douze ans.

- Mouais ! il répondait.
- Demain, tu m'emmènes, s'il te plaît, Grand-père ?
- Ne m'appelle pas grand-père ! Moi, c'est Maurice !
- Tu m'emmèneras Maurice, demain ?

Finalement, il ne répondait pas. Maurice ne m'a jamais emmené avec lui. De toute façon, il est mort avant de le faire. Sur les quais du port, des camions chargent des caisses de poissons. Plus loin, d'autres. Rien ne semble avoir changé. Même la plage encore vide à cette heure du petit matin n'a pas bougé. Nostalgie, nostalgie. J'ai trente ans et j'ai l'impression de réagir comme un vieil homme. Je ne suis pas revenu ici depuis dix-sept ans. J'y reviens pour le travail. Je viens de trouver un poste très intéressant et je vais devoir habiter dans cette ville qui représente beaucoup pour moi. La ville de mon père. Il y a dix-sept ans, j'étais encore un enfant et mon père n'était déjà plus là. Je marche dans les rues où j'ai si longtemps fait du vélo et discuté avec les copains. Nous étions une bande de garçons qui ne s'intéressaient encore qu'à jouer sur la plage.

- Emmanuel, c'est toi ?

Une voix crie au-dessus de moi. Je lève la tête. Je regarde vers la terrasse. Effectivement, une fille m'appelle. Je la reconnais facilement. Elle n'a pas beaucoup changé. Elle est toujours aussi grande et mince. Elle porte aujourd'hui les cheveux longs et elle n'est plus une petite fille.

- Elisa ? je demande rapidement.

Elle rigole. Elle est toujours aussi jolie. Elisa et moi, nous étions très amoureux quand nous avions treize ans. Pourtant, je n'ai pas pensé un seul instant à elle depuis que le train s'est arrêté ici et que j'ai commencé mon tour de la ville. Comment ai-je pu oublier Elisa pendant toutes ces années ? Sans elle, mes vacances n'auraient pas été aussi heureuses.

- Tu habites toujours ici ?
- Non. Habituellement, je ne viens plus ici que tous les deux ans. J'habite au Brésil maintenant. Avant, j'ai habité aussi l'Indonésie et l'Australie. Avec mon mari, nous avons une entreprise de construction de bateaux.

Je l'écoute avec attention. Je n'avais jamais imaginé qu'Elisa aurait une telle vie.

- Et toi ?

Je regarde Elisa longuement avant de répondre, comme si je cherchais une réponse.

- Moi ? Heu ! Paris. J'habite à Paris.
- Tu es marié ?
- Tu ne travailles pas plutôt pour la police ?

a) Cochez la bonne réponse : Vrai (V), faux (F), on ne sait pas (?)

	V	F	?
1. Emmanuel raconte son retour dans une ville où il a passé ses vacances chaque année il y a longtemps.			
2. C'est une ville qui se trouve au bord de la mer, près de l'océan Atlantique.			
3. Emmanuel n'a jamais été à la pêche avec son grand-père.			
4. Les parents d'Emmanuel habitent toujours cette ville.			
5. Emmanuel a rendez-vous avec Elisa.			
6. Emmanuel et Elisa s'aimaient quand ils étaient encore des enfants.			
7. Elisa n'a jamais quitté la ville.			

b) Répondez aux questions.

1. Qui est Emmanuel ? ______________________________

2. Pourquoi est-ce qu'il est venu dans cette ville ?

____

3. Qu'est-ce que cette ville représente pour lui ?

____

4. Quelle ville est-ce qu'Emmanuel va devoir quitter ? ______________________________

5. Est-ce qu'il reconnaît tout de suite Elisa ? ______________________________

____

6. Qu'est-ce qu'Elisa fait dans la vie ?

____

7. Pourquoi est-ce qu'Emmanuel demande à Elisa si elle travaille pour la police ?

____

Leçon 8

Die Verben *offrir* und *ouvrir*

	offrir	anbieten		Passé composé	Impératif
j'	offre	ich	biete an	j'ai **offert**	Offre.
tu	offr**es**	du	bietest an	**Imparfait**	Offrons.
il / elle / on	offre	er / sie / man	bietet an	j'offrais	Offrez.
				Futur simple	
nous	offr**ons**	wir	bieten an	j'offrirai	
vous	offr**ez**	ihr	bietet an	**Conditionnel présent**	
ils / elles	offr**ent**	sie	bieten an	j'offrirais	

	ouvrir	öffnen		Passé composé	Impératif
j'	ouvre	ich	öffne	j'ai **ouvert**	Ouvre.
tu	ouvr**es**	du	öffnest	**Imparfait**	Ouvrons.
il / elle / on	ouvre	er / sie / man	öffnet	j'ouvrais	Ouvrez.
				Futur simple	
nous	ouvr**ons**	wir	öffnen	j'ouvrirai	
vous	ouvr**ez**	ihr	öffnet	**Conditionnel présent**	Ebenso:
ils / elles	ouvr**ent**	sie	öffnen	j'ouvrirais	découvrir

1 Traduisez les phrases suivantes.

1. Öffnet alle Fenster! ______
2. Marie schenkt ihrem Freund zwei CD. ______
3. Paul und Anne werden in zwei Wochen ein Café eröffnen.

   ______
4. Gestern habe ich ein nettes Restaurant entdeckt. ______
5. Man bietet mir einen sehr guten Posten an. ______
6. Hast du meine Dateien geöffnet? ______
7. Entdecken wir die Stadt gemeinsam! ______
8. Ich würde dir eine Reise schenken. Aber ich habe kein Geld.

   ______

Die unregelmäßigen Adverbien

W Sie wissen schon, dass bei Adjektiven, die im Maskulinum auf Vokal enden, die Endung *-ment* an die maskuline Form des Adjektivs angehängt wird.

Adjektiv		Adverb
vrai	vraie	vraiment
Ebenso:		
spontané	spontanée	spontanément

Es gibt eine Besonderheit bei Adjektiven, die auf ***-ent*** oder ***-ant*** enden: Sie bilden das Adverb mit der Endung ***-emment*** oder ***-amment***.

Adjektiv		Adverb
constant	constante	constamment
différent	différente	différemment
excellent	excellente	excellemment
indépendant	indépendante	indépendamment
intelligent	intelligente	intelligemment

Regelmäßig ist jedoch: lent, lente, lentement

Darüber hinaus müssen Sie sich folgende **Sonderformen** merken:

Adjektiv		Adverb
meilleur	meilleure	**mieux**
bref	brève	**brièvement**
gentil	gentille	**gentiment**
énorme	énorme	**énormément**

2 Complétez avec l'adverbe.

1. Gérard travaille très ______________________ .
2. Sa fille travaille ______________________ .
3. Elle lit ______________________ .
4. Elle est ______________________ dans son bureau.
5. Elle explique ______________________ ce qu'il faut faire.
6. Elle prépare ______________________ tous les dossiers.
7. Hier, elle a proposé ______________________ son aide à ses collègues.
8. Elle réagit ______________________ des autres.

bon
meilleur
énorme
constant
bref
intelligent
gentil
différent

Die indirekte Rede mit Zeitverschiebung

W Sie wissen schon, wie man Sätze in der **indirekten Rede/Frage** bildet, wenn das **einleitende Verb** im **Präsens** steht.

direkte Rede/Frage	indirekte Rede/Frage
Julian dit: « Je **rentre** à la maison. » Il ajoute : « J'**ai** bien **travaillé**. »	Julian dit qu'il **rentre** à la maison. Il ajoute qu'il **a** bien **travaillé**.
Lucie demande à Julian : « Tu **viendras** chez nous ? »	Lucie demande à Julian s'il **viendra** chez eux.

Steht das Verb, das die indirekte Rede/Frage einleitet im **Präsens**, ändert sich die **Zeit** des Verbs im **Nebensatz nicht**.

Steht das Verb, das die indirekte Rede/Frage einleitet in einer Zeit der **Vergangenheit**, verschieben sich die **Zeiten** im **Nebensatz** nach folgendem Schema:

direkte Rede/Frage		Indirekte Rede/Frage
Julian a dit : « Je rentre à la maison. » Présent	→	Julian a dit qu'il rentrait à la maison. Imparfait
Il ajouté : « J'**ai** assez **travaillé**. » Passé composé	→	Il a ajouté qu'il **avait** assez **travaillé**. Plus-que-parfait
Lucie a demandé à Julian : « Tu **viendras** chez nous ? » Futur simple	→	Lucie a demandé à Julian s'il **viendrait** chez eux. Conditionnel présent

Die Zeitenverschiebung gilt nicht nur in der indirekten Rede/Frage, sondern auch **in anderen Nebensätzen mit *que:***
Je pense que M. Delalande a raison. Je **pensais** que M. Delalande **avait** raison.

Keine Zeitenverschiebung findet statt, wenn das konjugierte Verb in der direkten Rede auf ***-ais, -ais, -ait, -ions, -iez, -aient*** endet.

! Denken Sie daran, dass Sie in der indirekten Rede/Frage häufig Pronomen, Verben und Possessivbegleiter angleichen müssen.

3 Formen Sie die Sätze/Fragen in die indirekte Rede/Frage um.

1. Monsieur Delalande : « Vous avez fait bon voyage ? »

   Monsieur Delalande a demandé aux jeunes s'ils ______________________.

2. Madame Delalande : « Ma fille reprendra notre domaine. »

   Madame Delalande a dit que sa fille ______________________.

3. Lucie : « Julian, tu aimes le vin français ? »

   Lucie voulait savoir ______________________.

4. Julian: « Est-ce que tu as envie de faire une dégustation à Wöllstein ? »

Julian a demandé à Lucie ______________________________.

5. Luka : « Je reviendrai l'année prochaine. »

Luka a dit ______________________________.

6. Madame Delalande : « Vous connaissiez déjà la région ? »

Madame Delalande a demandé aux jeunes ______________________________.

7. Tim : « Je passais toutes les vacances d'été en Italie. »

Tim a expliqué ______________________________.

8. Lucie : « Je pourrais t'aider à trouver un studio. »

Lucie a dit à Julian ______________________________.

9. Julian : « Il est temps d'inviter Lucie au restaurant. »

Julian pensait ______________________________.

10. Monsieur Delalande : « Julian m'a proposé d'acheter un nouvel ordinateur. »

Monsieur Delalande a dit à sa femme ______________________________

______________________________.

Einige **Zeit- und Ortsangaben** der direkten Rede ändern sich in der indirekten Rede/Frage:

direkte Rede/Frage			indirekte Rede/Frage	
hier	gestern	→	**la veille**	am Vortag
aujourd'hui	heute	→	**ce jour-là**	an jenem Tag
demain	morgen	→	**le lendemain**	am folgenden Tag
ici	hier	→	**là-bas**	dort

Lucie a dit : « J'ai vu Bruno **hier**. » → Lucie a dit qu'elle avait vu Bruno **la veille**.

4 Formen Sie die Sätze/Fragen in die indirekte Rede/Frage um.

1. Tim : « Il fait très beau ici. » Tim a écrit qu'il ______________________________.

2. Lucie: « Je partirai demain. » Lucie a dit ______________________________.

3. Julian : « Je ne suis pas du tout en forme aujourd'hui »

Julian a expliqué ______________________________.

4. Luka: « Tu as mangé des huîtres hier ? ».

Luka a demandé à Tim ______________________________.

Die einfache Inversionsfrage

W Sie können bereits auf verschiedene Weise Fragen stellen:

- durch die **Intonation** (Satzmelodie) — Vous aimez la mer ?
- mit ***est-ce que*** — Est-ce que vous aimez la mer ?
  Où est-ce qu'on va ce soir ?

Es gibt eine weitere Frageform, bei der Subjekt und Verb umgestellt werden und die man deshalb **Inversionsfrage** nennt (Inversion = Umstellung). Sie wird vor allem in förmlicher Sprache und in der Schriftsprache verwendet:

Vous	avez	cours ce matin.		Ils	sont	restés chez les Delalande.
Avez	-vous	cours ce matin ?	Où	sont	-ils	restés ?

! Beachten Sie folgende **Besonderheiten**:
1. Die Inversionsfrage wird nur verwendet, wenn das **Subjekt** ein **Pronomen** ist.
2. Das Pronomen wird mit einem **Bindestrich** mit dem Verb verbunden.
3. Bei der **dritten Person Singular** (*il/elle/on*) wird ein zwischen Verb und Pronomen ein ***-t-*** einsgeschoben, wenn die Verbform auf ***-e*** oder ***-a*** endet. Dies erleichtert die Aussprache:
   Comment s'appelle-**t**-il ? Pourquoi a-**t**-elle peur ?

Die **Objektpronomen** stehen wie im Aussagesatz **vor der konjugierten Verbform** bzw. **vor dem Infinitiv**, auf den sie sich beziehen:
Comment **l'avez-vous** trouvé ? Ne **veux-tu** pas **l'aider** ?

5 Bilden Sie zu den Antworten die passenden Fragen. Die unterstrichenen Formen helfen Ihnen dabei. Verwenden Sie die Inversion.

1. ______________________ Oui, nous allons à la mer.
2. ______________________ Elle lui a gentiment expliqué ce problème.
3. ______________________ J'ai acheté cet ordinateur en Allemagne.
4. ______________________ Nous sommes arrivés en train.
5. ______________________ Il ne peut pas nous aider parce qu'il est blessé.
6. ______________________ Oui, elle se lève très tôt.
7. ______________________ Non, je n'ai pas faim.
8. ______________________ Elle s'habille très bien.
9. ______________________ Non, il ne l'appellera pas.

Qu'est-ce qui … ? / Qu'est-ce que … ?

W Sie wissen bereits, dass man mit ***Qui… ?*** (Wer?) nach **Personen** fragt, die **Subjekt** des Satzes sind:
Qui est M. Delalande ?

Mit *qu'est-ce **qui*** fragt man nach **Sachen**, die **Subjekt** des Satzes sind. (Was?):
Qu'est-ce qui se passe à Arcachon ? — Was passiert in Arcachon?

Mit *qu'est-ce **que*** fragt man nach **Sachen**, die **direktes Objekt** des Satzes sind. („Was?"):
Qu'est-ce que tu as dit ? — Was hast du gesagt?

6 Traduisez.

1. Was habt ihr gestern gemacht? ____________________
2. Was gefällt dir nicht? ____________________
3. Was ziehen Sie vor? ____________________
4. Was interessiert euch? ____________________

Die Steigerung der Adverbien

Die Steigerung des **Adverbs** erfolgt in der gleichen Weise wie die des Adjektivs:

En France, on apprend le français	**plus**	facilement	**qu'**	en Allemagne.	+	… leichter als …
Maintenant Julian parle	**aussi**	bien	**que**	sa prof.	=	… genauso gut wie …
En cours de français, on parle	**moins**	souvent	**que**	dans une famille française.	–	… seltener als …
C'est Julian qui comprend	**le plus**	facilement	**de**	tous.	++	… am leichtesten von …
C'est sa copine qui comprend	**le moins**	vite.			––	… am langsamsten …

Das Adverb ***bien*** hat besondere Steigerungsformen:

Yann		**mieux**	**qu'**	Anne.	… besser als …
Anne		**aussi bien**	**que**	Sophie.	… genauso gut wie …
Francis	joue	**moins bien**	**que**	Yann.	… schlechter als …
Yann		**le mieux**	**de**	tous.	… am besten von …
Béa		**le moins bien.**			… am schlechtesten …

Man kann einen **hohen Steigerungsgrad** mit ***possible*** wiedergeben:
Il parle français **aussi souvent que possible.** / Il parle français **le plus souvent possible.**

7 Complétez avec la bonne forme de **l'adverbe**.

1. En France, on mange ______________________ en Allemagne. — *später als*
2. Normalement, un repas français dure ______________________ un repas allemand. — *länger als*
3. A Wöllstein, on s'amuse ______________________ à Barsac. — *genauso gut wie*
4. Tim connaît la France ______________________ Italie. — *schlechter als*
5. Maintenant, il va en France ______________________ . — *so häufig wie möglich*
6. Le nouvel ordinateur fonctionne ______________________ l'ancien. — *besser als*
7. Lucie réagit ______________________ . — *am besten von allen*
8. Luka répond ______________________ aux questions. — *am langsamsten*

Wortschatz der Lektion

8 Trouvez **le bon mot** et complétez les phrases.

1. Julian ______________________ un logement.
2. D'abord, il lit ______________________ .
3. Puis il contacte ______________________ .
4. Après, il ______________________ des appartements.
5. Finalement, il ______________________ un beau ______________________ .

9 Complétez les phrases suivantes.

1. Zoé parle deux langues : elle est ______________________ .
2. Yann a vu une offre d'emploi. Il va poser ______________________ .
3. Mon ordinateur ne fonctionne plus parce qu'il a ______________________ .
4. Avant de vendre le Sauternes en Allemagne, il faut ______________________ .
5. Julian a refusé un emploi ______________________ .
6. La personne ou l'entreprise qui fait travailler quelqu'un est ______________________ .
7. Pour travailler en France, Julian n'a besoin que de sa ______________________ .
8. Julian est d'accord avec l'explication de Monsieur Delalande : Il l' ______________________ .
9. Pour travailler en ligne, il faut ______________________ .

Hören und verstehen

3-37 **10** a) Ecoutez l'émission et cochez la bonne réponse.

1. C'est une discussion entre copains ☐ une émission de Radio-Arcachon ☐ un reportage dans le bassin d'Arcachon ☐.
2. Les garçons sont venus dans la région d'Arcachon pour passer des vacances ☐ pour apprendre le français ☐ pour travailler ☐.

b) Complétez le tableau.

	Tobias	Mark	Juan
1. Il est venu à Arcachon pour apprendre le français.			
2. On n'entend presque pas d'accent quand il parle.			
3. Il travaille dans une entreprise de construction de bateaux.			
4. Il réalise un rêve.			
5. Sa copine est Française.			
6. Il a fait un stage dans une agence immobilière.			
7. Dans son pays, il ne travaillera plus dans un bistrot.			
8. Il ne veut pas rentrer dans son pays tout de suite.			
9. Sa vie est plus en France que dans son pays.			
10. Au début, son chef ne voulait pas le laisser travailler.			
11. En France, il veut vivre comme les Français.			
12. Avant, il a travaillé dans une autre ville française.			
13. Normalement, il habite à Linz.			
14. Il a aussi passé plusieurs mois dans une autre ville française.			

Hören und schreiben

38–44 11 a) Ecoutez le dialogue, puis répondez aux questions.

1. Que fait Vincent ? ____________________
2. Où est-ce qu'il se trouve ? ____________________
3. Quelle question est-ce qu'il pose aux gens qu'il rencontre ?
____
4. Combien de personnes répondent à la question de Vincent ?
____

b) Complétez le tableau.

Personne	H	F	Où passe-t-il/elle ses vacances ?	Où rêve-t-il/elle d'aller en vacances ?
n°1				
n°2				
n°3				
n°4				
n°5				
n°6				
n°7				

Lesen und verstehen

12 a) Lisez le texte.

Von: martin.bartle@googlemail.de
An: juliette_segur@free.fr
Betreff: J'arrive !!!

Salut Juliette,
Je t'écris car j'ai une grande nouvelle à t'annoncer. J'ai trouvé du travail en France ! Enfin ! Cela fait des mois que j'envoie des CV, des lettres de motivation et j'ai enfin trouvé une entreprise qui cherche un jeune Allemand comme moi ! J'espère que tes parents sont toujours d'accord pour que j'habite chez vous parce que je n'ai pas beaucoup d'argent. Grâce à ta famille, c'est un vieux rêve que je vais pouvoir réaliser. Je commence dans trois semaines, le 1er juillet exactement. Mais je pense arriver avant. Dans dix jours, c'est possible ?
A bientôt !
Martin

De : juliette_segur@free.fr
A : martin.bartle@googlemail.de
Objet : Re : J'arrive !!!

Cher Martin,
Pour une surprise, c'est une surprise ! Cela fait des mois que tu ne m'as pas donné de tes nouvelles. Je suis vraiment très contente pour toi. J'étais sûre que tu allais réussir à trouver du travail en France. Tu parles effectivement super bien français. Mais j'ai un problème : mes parents ont organisé une fête de famille dans dix jours ! Ils ont déjà invité beaucoup de monde chez nous et il n'y a plus de place à la maison. En plus, plusieurs personnes restent au moins une semaine chez nous car ils viennent de très loin, de Martinique et de Tahiti ! Dans 10 jours, tu ne peux pas habiter chez nous. Excuse-moi, mais tu dois trouver une autre solution.
Grosses bises et à bientôt,
Juliette

b) Cochez la bonne réponse.

1. Martin est un jeune Allemand qui voudrait travailler en France ☐ qui travaille en France ☐ qui va travailler en France ☐.
2. Il écrit à Juliette parce qu'il cherche un travail ☐ il pense habiter chez ses parents ☐.
3. Martin commence à travailler dans dix jours ☐ avant le 1er juillet ☐ dans moins d'un mois ☐.
4. L'e-mail de Martin étonne Juliette parce qu'il ne lui avait pas écrit depuis longtemps ☐ elle ne savait pas qu'il voulait travailler en France ☐ elle ne lui avait jamais proposé de venir habiter chez elle ☐.
5. Juliette répond à Martin qu'il peut dormir chez elle ☐ que ses parents ne sont pas d'accord ☐ qu'il n'y a plus de place dans la maison ☐.

Lesen und schreiben

13 Lisez les textes, puis répondez aux questions.

Le bon moral des entreprises allemandes en France

C'est le résultat d'une enquête que la chambre Franco-Allemande de Commerce et d'Industrie a présentée au début de l'année 2011.
50 % des entreprises se préparent à une amélioration de leur situation économique cette année. Elles sont même 70 % à penser que la situation sera meilleure d'ici 2014.
45 % des entreprises allemandes souhaitent même embaucher dans les prochains mois.
Pour les entreprises que l'on a interrogées, il est possible de réussir en France si on fait particulièrement attention au service que l'on donne aux clients et si on comprend la mentalité des clients.
Les entreprises allemandes sont néanmoins très critiques sur plusieurs aspects de la vie économique française et notamment sur le rôle des syndicats.

L'Allemagne, le pays qui investit le plus en France

Devant les Etats-Unis, la Grande-Bretagne et l'Italie, l'Allemagne est le pays qui fait le plus d'investissements en France et qui crée le plus d'emplois.
En 2010, il y a eu 140 projets et 5800 nouveaux emplois. Les investissements allemands représentent 18 % des investissements étrangers en France.
Ces investissements concernent surtout l'industrie en général et le secteur de l'énergie en particulier. Le secteur des énergies renouvelables a réalisé une augmentation de 61 % de ses investissements.
Les entreprises allemandes investissent surtout dans la région de Lyon (20 %), en région parisienne (14 %), en Lorraine (11 %) et en Alsace (9 %).

1. De quel genre de textes est-ce qu'il s'agit ?

____

2. Quel est le sujet des deux articles ?

____

____

____

3. Quel conseil donnent les entreprises allemandes ?

____

____

4. Qu'est-ce que n'aiment pas les entreprises allemandes en France ?

____

5. Dans quel secteur est-ce que les entreprises allemandes ont beaucoup investi en France ?

____

____

Leçon 1

1

	1. Pers. Pl. Präsens	Stamm	Imparfait
1.	nous avons	av -	j'avais
2.	nous répétons	répét -	tu répétais
3.	nous pouvons	pouv -	elle pouvait
4.	nous buvons	buv -	nous buvions
5.	nous mettons	mett -	vous mettiez
6.	nous lisons	lis -	ils lisaient
7.	nous écrivons	écriv -	j'écrivais
8.	nous prenons	pren -	tu prenais
9.	nous achetons	achet -	elle achetait
10.	nous essayons	essay -	nous essayions
11.	nous appelons	appel -	vous appeliez
12.	nous faisons	fais -	ils faisaient

2

1. tu mangeais
2. elle comprenait
3. tu étais
4. nous changions
5. vous voyiez
6. ils étaient
7. vous placiez
8. ils commençaient
9. elles continuaient
10. on se couchait
11. vous faisiez
12. ils changeaient

3

1. Tous les étés, pendant nos vacances en Corse, ma famille faisait des randonnées dans la montagne.
2. Mes parents aimaient les pique-niques.
3. Un jour, on est allés à un refuge.
4. A sept heures, il faisait déjà très chaud.
5. Quatre heures plus tard, mon père a décidé de faire une pause.
6. Nous étions fatigués et nous avions très faim.
7. Alors, on a mangé notre pique-nique.
8. Tout à coup, il y a eu un orage.
9. Il a commencé à pleuvoir.
10. On est rentrés.

4

1. Quand elle était jeune, Marie aidait souvent sa mère qui travaillait…
2. Pendant que sa mère organisait des randonnées, Marie donnait des informations aux touristes étrangers qui visitaient la région.
3. Un jour, pendant qu'elle rangeait le bureau, elle a vu un petit chien.
4. Il était tout seul, alors elle a joué…
5. Il s'appelait Snoopy.
6. Comme il faisait chaud, elle est allée…
7. Pendant qu'elle lui préparait à boire, la propriétaire de Snoopy est entrée dans l'office du tourisme et a retrouvé son chien.

5

1. nous avions voulu
2. j'avais été
3. elle était venue
4. vous aviez bu
5. elles étaient rentrées
6. tu avais commencé

6

1. Hier, mes parents sont venus manger…
   Ils étaient contents de notre invitation.
   Ils avaient préparé un gâteau pour le dessert.
2. Samedi, je suis allée au restaurant « La belle étoile » où j'avais rendez-vous avec Maryse.
   Mais elle n'était pas là : elle avait oublié…
3. Hier, Léa et Rémi sont allés au cinéma.
   Mais quand ils sont arrivés, le film avait déjà commencé.
4. Samedi soir, Vincent a écouté sa musique préférée. Son frère lui avait acheté un CD…
5. Marc n'a rien fait ce week-end. Il était fatigué parce que pendant la semaine, il avait trop travaillé.
6. Hier, mon copain m'a téléphoné.
   Il était en colère. Son chef l'avait critiqué.

7

1. un prospectus
2. son passeport/sa carte d'embarquement
3. un ferry
4. une tente
5. le train
6. la météo
7. l'aéroport
8. une offre promotionnelle
9. le tour du monde
10. faire de la randonnée

8

1. longtemps
2. presque
3. A cette époque
4. parfois/mais
5. tôt
6. Pendant que
7. jamais
8. tard

9

	Scène 1	Scène 2	Scène 3	Scène 4
1.		X		
2.				X
3.		X		
4.	X			
5.				X
6.			X	
7.	X			
8.			X	
9.		X		
10.			X	

10
1. Elle lui demande s'il est rentré de Nouvelle-Calédonie.
2. Il rentre de Nouvelle-Calédonie et il a fait un très long voyage.
3. Il a mis plus de 24 heures pour rentrer.
4. Il habite à Lyon.
5. Il est rentré mardi matin.
6. Il a fait un stage dans un hôtel.
7. Il a pu faire beaucoup de choses pendant son stage, c'était bien !
8. Il critique son chef : Paul a dû beaucoup travailler et n'a pas pu visiter l'île.

11 b)
1. Es handelt sich um ein Tagebuch.
2. Das Thema des Textes ist Zoés Rückkehr nach Paris.
3. Zoé ist eine Studentin aus Paris.
4. Sie studiert an der Uni.
5. Auf Korsika war sie in der ersten Hälfte des Sommers.

c)
1. Sie entschuldigt sich, weil sie seit drei Monaten nicht mehr in ihr Tagebuch geschrieben hat. (« *Je n'ai rien écrit depuis longtemps. Excuse-moi !* »).
2. Sie wendet sich an ihr Tagebuch. (« *Cher journal* »).
3. Nein, sie ist deprimiert und denkt über ihren Aufenthalt auf Korsika nach und sehnt sich dahin zurück. (« *Mes valises sont encore dans l'entrée et je suis déjà déprimée.* »)
4. Sie hofft, eines Tages nach Korsika umzuziehen und dort zu arbeiten. (« *Un jour, j'aurai peut-être la chance de quitter Paris et d'aller en Corse pour y habiter et y travailler toute l'année.* »).

Leçon 2

1
1. – Quand est-ce que tu sors ?
   – Je ne sors pas. Je reste à la maison.
2. – Quand est-ce que vous êtes parti(e)s ?
   – Nous sommes parti(e)s à dix heures.
3. Les enfants ne dorment pas.
4. Ce chien est paresseux, il ne sort jamais ! Allez Snoopy, sors tout de suite !
5. Une minute, Tanja. Partons ensemble.
6. Vous dormez encore, les filles ? Sortez du lit !
7. Quand tu étais étudiant, tu sortais tous les soirs. Mais maintenant tu ne sors plus.
8. Hier, Kadidja est sortie de l'école à six heures.

2
1. Tu sais réparer mon ordinateur ?
2. Alice ne sait pas parler allemand.
3. Vous savez où on peut acheter une valise ?
4. Non, je ne sais pas.
5. Les enfants ne savent pas que c'est interdit.
6. Hier, Tanja a su trouver les bons mots.

3
Une animatrice : Nadia et Farid, vous vous êtes réveillés à quelle heure hier ?
Farid : Nous nous sommes réveillés à 7 heures. Mais je me suis levée à 7 heures et demie.
Nadia : Moi, je me suis levée tout de suite et je me suis habillée. Puis, je me suis mise à table. Farid est arrivé et…
Farid : … et elle s'est moquée de moi.
Nadia : Ce n'est pas vrai. Je ne me suis pas moquée de toi. Toi, tu t'es moqué de moi et je me suis fâchée.
L'animatrice : Et après ? Vous vous êtes disputés ?
Farid : Oui. Nous nous sommes disputés.
Nadia : Mais tout à coup, nous nous sommes regardés et…
L'animatrice : … vous ne vous êtes plus disputés ?

4 a)

	Verb	deutsche Entsprechung
1.	déranger	eine Störung
2.	étonner	ein Erstaunen
3.	se renseigner	eine Erkundigung
4.	améliorer	eine Verbesserung
5.	prononcer	eine Aussprache
6.	expliquer	eine Erklärung

7.	interdire	ein Verbot
8.	décider	eine Entscheidung
9.	comprendre	ein Verständnis
10.	comparer	ein Vergleich
11.	arrivée	eine Ankunft
12.	penser	ein Gedanke
13.	intéresser	ein Interesse
14.	sortir	ein Ausgang, ein Ausgehen
15.	se disputer	ein Streit

b)

	Nomen	deutsche Entsprechung
1.	un guide	führen
2.	un rêve	träumen
3.	une exposition	ausstellen
4.	une formation	ausbilden
5.	un commentaire	kommentieren
6.	une communication	kommunizieren
7.	un doute	zweifeln
8.	une escalade	klettern, bergsteigen
9.	les freins/un frein	bremsen
10.	un voyage	reisen

5
1. Je veux faire une formation de maître/maîtresse.
2. Je suis célibataire, mais je vais peut-être me marier plus tard.
3. J'ai des frères et sœurs, mais mes parents ont divorcé.
4. Ma mère travaille à plein temps dans une école maternelle.
5. Elle a fait la connaissance d'un dessinateur danois et s'est remariée.
6. Mon beau-père a trois enfants et nous sommes une famille recomposée.

6
1. faire une formation = **d**evenir
2. aller aux W.-C. = aller aux toilettes
3. être comme = **r**essembler **à qn**
4. rencontrer = **se r**encontrer
5. se coucher = dormi**r**
6. une séparation = **un** divorc**e**
7. célibataire = **s**eul(e) / **l**ibre

7
1. bien ≠ **m**al
2. se marier ≠ **d**ivorcer
3. rigoler ≠ **p**leurer
4. vieux ≠ **j**eune
5. entrer ≠ **s**ortir
6. une question ≠ **une r**éponse

8 1E, 2G, 3J, 4H, 5B, 6D, 7I, 8A, 9C, 10F

9 a)
1. Célia discute avec le mari de sa sœur.
2. l'arbre généalogique de sa famille.
3. Célia a deux sœurs.
4. la mère de Célia.
5. Sami.

b)

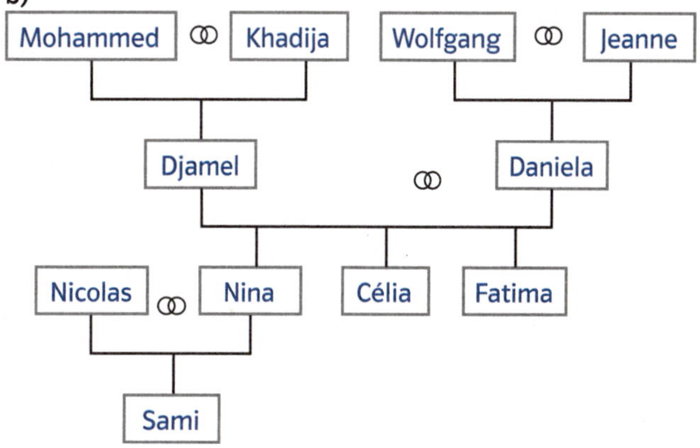

10
1. Le sujet de l'émission, c'est l'école.
2. Les gens appellent Baptiste pour raconter des souvenirs d'école.
3. Marie est assistante-maternelle.
4. Elle a vingt-sept ans.
5. Elle habite à Bordeaux.
6. Elle pense que Baptiste va rigoler parce que c'est une émission sur l'école et qu'elle n'a pas de souvenirs d'école.
7. Ils n'allaient pas à l'école parce que leurs parents leur faisaient l'école à la maison.
8. Ils sont artistes.
9. Elle leur apprenait les mathématiques et les sciences.
10. Il leur apprenait le français, l'histoire, l'anglais et le sport.
11. Leurs copains étaient les enfants des amis de leurs parents.
12. Non, elle n'a pas (encore) d'enfants.
13. Non, pour Marie, son travail est important et elle ne veut pas rester à la maison.

11 a)

	Antoine	Karima	Joris	Romane
1.		X		
2.	X			
3.		X	X	X
4.				X
5.	X			
6.		X		
7.			X	
8.			X	
9.	X	X		X
10.		X		
11.			X	
12.	X			

b)
1. Il habite chez sa mère.
2. Il n'a jamais été seul avec sa mère parce qu'il y a toujours eu beaucoup d'amis à la maison ou parce que sa mère et lui sont allés chez des amis.
3. Ils habitent dans l'immeuble de Karima et de ses parents.
4. Elle aime bien discuter avec eux parce qu'ils sont tolérants et très modernes.
5. Joris aime aller chez son copain Simon parce que Simon a une petite famille et que ça lui fait des vacances.
6. Le projet de Romane, c'est de partir en Allemagne et de continuer ses études là-bas.

Leçon 3

1

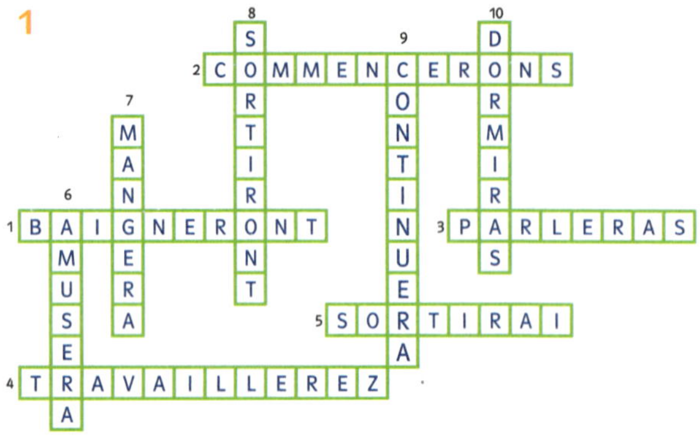

2 a)
1. – Qu'est-ce que vous ferez pendant les vacances ?
   – Nous irons au Québec. On habitera chez des amis. Ils nous montreront la ville de Québec et la région.
2. Dans un an, mon grand-père sera à la retraite. Il aura enfin du temps libre. Je pense qu'il voudra d'abord ranger ses affaires dans son bureau.
3. Chère Cécile,
   Quand est-ce que tu reviendras me voir ? Peut-être en juin ?
   Je serai dans ma maison à la montagne. Tu pourras dormir dans la nouvelle chambre d'amis ! Je te montrerai aussi le gîte que nous louerons aux touristes. Et après, on verra ! Bises, Manon.

b) Übungsteil 1 Übungsteil 2
weil es gesprochene Sprache ist. Bei 3 handelt es sich um einen Brief (= geschriebene Sprache).

3
1. – Je suis en train de regarder la télévision.
2. – Mais si, elle vient d'arriver.
3. – Non, il est en train de téléphoner.
4. Damien vient de sortir de l'étable. Maintenant, il est en train de visiter le vieux moulin.
5. Olivier et son père viennent de se disputer. Maintenant, ils sont en train de chercher un compromis.

4
1. – Tu sais comment on dit « gîte »…
   – Non, mais demande à Jan s'il peut t'aider.
2. … elle ne sait pas lire.
3. – Tu sais où j'ai mis mon portable ? – Non, je ne sais pas.

4. – Olivier, tu peux nous aider un peu ? Nous ne savons pas comment ranger toutes nos affaires.
5. Olivier et Cécile savent bien qu'ils ne peuvent pas reprendre la ferme sans investissements.
6. Vous savez si on peut se baigner ici ?
7. Qui sait parler espagnol ici ?
8. Tu sais faire du ski ? Alors tu peux venir avec nous à la montagne.

5
1. un gîte
2. prendre un crédit
3. panneaux solaires
4. chauffage
5. une étable
6. énergies renouvelables
7. économies d'énergie

6
1. Elle lui rappelle son rendez-vous demain.
2. Tu ne changeras jamais !
3. Où est-ce qu'on logera notre belle-mère ?
4. Quand elle était jeune, elle se passionnait pour la mode.
5. Il rêve d'une vie indépendante.
6. Un beau paysage attire les touristes.
7. Plus tard, il reprendra la ferme de son père.
8. Moderniser la ferme coûte beaucoup d'argent.
9. Elle sait qu'elle peut faire confiance à Olivier.

7

		3.						
1.		G			6.	7.		9.
F	2.	R		5.	C	D		V
A	P	A	4.	F	H	O	8.	I
C	**O**	**N**	**F**	**I**	**A**	**N**	**C**	**E**
I	I	D	I	N	N	C	R	
L	R	E	O		C		E	
E	E		U		E		D	
	A		L				I	
	U						T	

Übersetzung des Lösungsworts: Vertrauen

8
2. économies → des économies *(f.)* Ersparnisse
3. exploitation → une exploitation (landwirtschaftlicher) Betrieb
4. campagne → la campagne Land
5. élevage → l'élevage *(m.)* Viehzucht
6. argument → un argument Argument
7. territoire → un territoire Territorium/Staatsgebiet
8. céréales → les céréales *(f.)* Getreide

9
1. Je viens de rentrer à la maison.
2. Je suis en train de préparer le repas.
3. Je ne peux pas aller au cinéma aujourd'hui parce que je n'ai pas le temps.
4. Je sais parler anglais et français.
5. Je ferai mes/des études en France.
6. Je devrai prendre un crédit.

10
1. parfois
2. en particulier
3. tout juste
4. mal
5. de
6. sans doute
7. d'ailleurs
8. même si
9. Après… C'est-à-dire
10. avant
11. en plus de
12. Ensuite
13. C'est pourquoi

11 a)
1. La campagne, c'est quoi pour vous ?
2. Lucas habite à Paris.
   Franck habite à Marseille.
   Clara habite près de Lyon.
   Sam habite à Nancy.

b)

	V	F	?
1.		X	
2.	X		
3.			X
4.	X		
5.	X		
6.			X
7.		X	
8.			X
9.	X		
10.		X	
11.	X		
12.		X	

12.
1. C'est la page Internet d'une famille qui travaille dans la même exploitation agricole.
2. Cette famille a fait ce site pour avoir des clients.
3. Paul est le père de Daniel, Véronique, François et Thomas Deschamps.

4. La ferme se trouve à côté de Bordeaux.
5. La ferme produit des poireaux des céréales.
6. 2004, c'est l'année où Paul et Ginette ont décidé de vendre leur ferme.
7. Les Deschamps font du bio parce qu'ils ont appris à aimer la nature avec Paul et Ginette.

13.
1. Oui, le bio est un peu en retard en France parce que seulement 2,6% des surfaces agricoles sont bio. La France est à la 22e place des pays européens.
2. En 2011, il y avait 20 000 agriculteurs bio. En 2008, le chiffre était d'environ 13 200.
3. Le magasin a ouvert un magasin bio pour ses clients. Il veut leur montrer que le bio a bon goût.
4. On peut aller dans ce restaurant entre 8h30 et 20h.
5. Oui, parce que le bio est un succès dans ce secteur, en particulier dans le sud-est de la France. Là-bas, 30% des exploitations sont ou deviennent bio.

Leçon 4

1
1. Après le travail, Pascal est plus fatigué que Muriel.
2. Pascal est le meilleur chocolatier de la ville.
3. Il est meilleur que son ami Marc.
4. Amélie est moins sympa que sa sœur.
5. Marie est l'étudiante la plus cool de la fac.
6. Elle est aussi drôle que sa meilleure amie.
7. Le chocolat suisse est plus cher que les autres.
8. Ce sont mes plus beaux produits.

2
1. Anne : Voilà, j' ai fini mon travail. Finissons la soirée dans un bon restaurant !
   Bruno : Bonne idée !
2. Le garçon : Vous avez choisi ?
   Anne : Non, je réfléchis encore. Quand j'étais jeune, ma mère choisissait toujours pour moi.
   Le garçon : D'accord. Réfléchissez bien et choisissez ce qui vous plaît.
3. Mme Lagarde : Vous avez modernisé votre entreprise ?
   M. Dubois : Oui, on a investi 100 000 € dans la boutique. Cela garantit/garantira une augmentation de notre chiffre d'affaires.
4. Les frères Dutronc investiront beaucoup d'argent dans des nouvelles machines.
5. Ils réfléchissent à la fabrication d'une nouvelle gamme de produits.

3
1. Ce que j'ai beaucoup aimé en Côte d'Ivoire…
2. Ce qui est marrant…
3. Ce qui me plaît…
4. Ce qu'elle n'aime pas…
5. Ce qu'il ne comprend pas…
6. C'est incroyable ce qui se passe là-bas.
7. Ce n'est pas ce que j'ai dit.

4
1. Faites ce que vous voulez.
2. On fait ce qu'on peut.
3. C'est tout ce que je peux faire pour toi.
4. C'est tout ce que vous voulez savoir ?

5

6
1. Un quart des exportations va/vont en Côte d'Ivoire.
2. La moitié des Français au travail sont des femmes.
3. Un tiers des Français âgés de 18 ans n'a/n'ont pas le bac.
4. La majorité des clients est très contente/sont très contents des produits de la maison ChocSaveur.
5. En 2012, la moitié des entreprises investira/investiront dans des nouveaux produits.
6. Une minorité sait parler quatre langues étrangères.

7
1. investit
2. consommer
3. remplacer
4. gourmand
5. exploite
6. concurrence
7. adulte
8. usine
9. hausse
10. jours feriés
11. à la main

8 a)

une signification	signifier	Bedeutung
une diminution	diminuer	Verringerung, Verkleinerung
un remplacement	remplacer	Ersetzung
une réflexion	réfléchir	Reflexion; Nachdenken
une garantie	garantir	Garantie
un soutien	soutenir	Unterstützung

b)

grossir	gros, grosse	dick werden
sécher	sec, sèche	trocknen

c)

produire	un produit	produzieren
emballer	un emballage	verpacken

9
1. Je mange/consomme du chocolat avec modération tout au long de l'année.
2. En Suisse, en trouve le meilleur chocolat.
3. Une bonne tablette de chocolat est meilleure qu'une pomme.
4. Je vais créer/Je créerai une entreprise.
5. Je vais investir/J'investirai beaucoup d'argent dans la formation.

10 a)
1. Radio Cité est au Salon du chocolat pendant trois jours.
2. Le thème de l'émission de Radio Cité est « l'amour du chocolat ».
3. Elodie, Nina, François, Zoé et Lucas sont des visiteurs du salon.

b)

	Elodie	Nina	François	Zoé	Lucas
1.				X	X
2.			X		
3.				X	
4.					X
5.	X				
6.		X			
7.			X		
8.	X				
9.		X			
10.			X		

11
1. Ils mangent au restaurant.
2. Non, Marie et Antoine sont frère et sœur.
3. Marie : « Qu'est-ce qu'on prend comme dessert après ce bon repas ? »
4. Marie propose une mousse au chocolat ou une glace.
5. Il préfère un gâteau au chocolat et aux fruits.
6. Non, elle n'a pas trop envie.
7. Marie dit : « Qu'est-ce que tu es gourmand ! »
8. Il lui répond : « J'ai bien réfléchi : je ne prends pas de dessert ! »
9. Antoine ne veut pas prendre de dessert parce qu'il a pris trois kilos depuis six mois.
10. Il décide d'arrêter les desserts pour toujours parce qu'il pense qu'il est gros.
11. Il la trouve parfaite.
12. Il ressemble plus à Obélix qu'à Tintin.
13. Non, elle n'est pas d'accord avec son frère. Elle trouve qu'il n'est pas sympa.
14. Elle décide de commander un très gros dessert : une mousse au chocolat, une glace et beaucoup de crème chantilly.

12 b)

	Vrai	Faux
1.		X
2.	X	
3.	X	
4.		X
5.		X
6.	X	
7.	X	
8.		X
9.	X	
10.		X

13 Vanessa Vallée

Leçon 5

1
1. Si tout va bien, Thierry réussira à réaliser son projet.
2. Si tu veux, on mangera ensemble.
3. Si vous avez un problème, vous pourrez m'appeler.
4. Si je suis au salon, je contacterai monsieur Dupré.
5. Si la concurrence ne fait rien, ce sera un avantage pour nous.
6. Si le réseau ne marche pas, on appellera l'assistance dépannage.
7. Si les candidats sont vraiment bons, nous les engagerons.
8. Si les entreprises veulent réussir, elles devront investir.

2

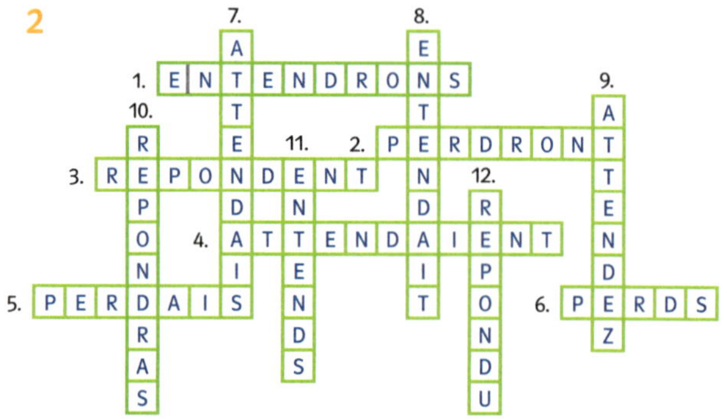

3 a)

RECEVAIENT ■ RECEVRONT
REÇOIS ■ RECEVRAS ■ REÇU
RECEVIONS ■ RECEVONS

b)
1. Monsieur Bordas dit : « Je ne reçois jamais de journalistes ». Il ne les reçoit pas parce qu'il ne les aime pas.
2. Hier, j'ai reçu un message de mes meilleurs clients : ils me recevront au Salon des Entrepreneurs mardi prochain.
3. Avant la formation des nouveaux collaborateurs, Thierry et Ling recevaient souvent des réclamations. Maintenant, ils reçoivent des compliments pour leur service.

4

	Mot	Traduction
1.	un exposant	ein Aussteller
2.	une démarche	ein Schritt, Gesuch
3.	envoyer	schicken
4.	une livraison	eine Lieferung
5.	décrocher	kriegen, ergattern

5

						7.			
					6.	I			
					I	N			
		3.			M	F			
		S			P	O			
	2.	T			R	R		9.	
1.	E	A		5.	I	M	8.	P	
H	C	N	4.	I	M	A	S	O	10.
O	**R**	**D**	**I**	**N**	**A**	**T**	**E**	**U**	**R**
T	A	A	N	S	N	I	R	C	E
L	N	R	T	T	T	Q	V	E	S
I		D	E	A	E	U	E	S	E
N			R	L		E	U		A
E			N	L			R		U
			E	A					
			T	T					
				I					
				O					
				N					

6

D	E	T	U	D	E	D	E	M	A	R	C	H	E	F
A	N	O	C	H	D	I	R	E	C	T	E	U	R	I
F	T	L	C	O	N	T	R	A	T	O	F	C	R	D
E	R	D	E	L	A	I	B	L	I	N	P	R	E	E
I	E	A	G	F	I	N	A	N	C	E	M	E	N	T
M	P	I	O	Q	E	F	N	V	A	L	E	D	A	R
U	R	I	O	P	N	A	Q	U	T	E	R	I	M	A
D	E	M	A	N	D	E	U	B	E	T	A	T	I	V
E	N	V	S	O	C	I	E	T	E	S	U	I	R	A
C	E	Y	B	L	I	V	R	A	I	S	O	N	A	I
B	U	S	I	N	E	S	S	P	L	A	N	O	Z	L
P	R	O	D	U	I	T	X	O	R	V	H	E	L	P

Waagerecht
une étude de marché, un directeur, un contrat, un délai, un financement, une demande, une société, une livraison, un business plan, un produit
Senkrecht
un entrepreneur, une banque, un SAV, une PME, un crédit, un travail

7
1. Madame Doumergue est déçue.
2. Elle n'a plus confiance.
3. Son réseau est paralysé.
4. Le SAV est très mauvais.
5. Depuis mardi, elle attend l'assistance dépannage.

8 1D; 2J; 3A; 4H; 5I; 6B; 7C; 8E; 9G; 10F

9 Madame, Monsieur,
Comme vous ne répondez pas à nos messages, nous nous voyons dans l'obligation de vous contacter par lettre recommandée. La commande de dix écrans 22 pouces que nous avons passée le 15 janvier est arrivée hier. Nous avons dû constater que l'emballage de trois écrans était en très mauvais état avec la conséquence que deux écrans ne fonctionnent pas. Imaginez notre situation : j'ai engagé deux nouveaux collaborateurs qui ne peuvent pas travailler sans écrans. Nous perdons donc des journées de travail, ce qui pose de grands problèmes à notre entreprise. Nous vous demandons de remplacer les deux écrans irréparables et de rembourser nos pertes dans les plus brefs délais. [...]

10
1. Depuis ce matin, rien ne fonctionne dans notre entreprise.
2. Au début, il y a eu une panne de la climatisation dans les bureaux du service marketing.
3. Ensuite, nous avons eu une panne générale et tout notre réseau informatique est paralysé.
4. Maintenant, même le standard ne répond plus, ce qui énerve beaucoup notre chef.
5. Nous avons pourtant modernisé notre installation de A à Z le mois dernier.
6. Avant, notre matériel informatique était trop vieux.
7. La plupart des postes de travail sont équipés d'écrans, d'ordinateurs et d'imprimantes.
8. Aujourd'hui, nous avons aussi plus de collaborateurs qu'avant.
9. En effet, nous avons décroché plusieurs contrats et nous devons faire face à la demande.

10. D'après le responsable de la société informatique, l'assistance dépannage viendra seulement dans trois heures.
11. C'est pourquoi notre chef nous a demandé de commencer notre travail sans machine.

11
1. Michel parle surtout de son entreprise.
2. Il a réalisé son projet quand il avait 24 ans.
3. Il est devenu chef d'entreprise parce que c'était ce qu'il voulait faire depuis toujours.
4. Quand il crée son entreprise, Michel a déjà la passion de son métier.
5. Avec sa sœur, ils n'ont pas réussi à travailler ensemble.
6. Michel est content parce que son entreprise existe toujours.

12

	V	F	?
1.	X		
2.		X	
3.			X
4.		X	
5.	X		
6.	X		
7.		X	
8.			X

13 a)
1. Elle se passe au Salon des entreprises des énergies renouvelables.
2. Elodie Bouvard est la responsable de l'entreprise 3WS.
3. Philippe Girardet vient la voir parce qu'il a le projet de créer son entreprise et que l'entreprise d'Elodie est très dynamique.
4. Ce n'est pas facile pour Elodie de donner des conseils, surtout en cinq minutes.
5. Elodie a créé son entreprise il y a six ans.
6. « N'oubliez pas que vous serez le chef ! »
7. C'est important de réfléchir à votre projet. Il faut prendre une direction et ne pas changer sans arrêt.
8. Non, mais il a déjà rencontré des banques. Deux banques sont peut-être intéressées.
9. Il veut installer son entreprise à Lille parce qu'il a des locaux pas chers.

b) La scène se passe pendant un salon. Philippe veut créer son entreprise et cherche des conseils. Il pose beaucoup de questions à Elodie parce qu'elle a elle-même créé son entreprise il y a six ans et son entreprise est très dynamique. Elodie donne beaucoup de conseils à Philippe : Il doit se rappeler que c'est lui le chef, il doit réfléchir à son projet. Philippe a déjà bien réfléchi à son projet et rencontré des banques et il sait qu'il veut installer son entreprise à Lille.

14 b) 1; 5; 8

c)
1. Ce matin, Clément se lève tôt et il arrive à sept heures devant son entreprise.
2. Cette nuit, il s'est posé beaucoup de questions et il n'a pas pu beaucoup dormir.
3. Certains employés ont décidé de travailler avec lui parce qu'ils ont confiance en Clément.
4. Pour réaliser son rêve, il a dû demander des financements aux banques, mais surtout à sa famille et à ses amis.

Leçon 6

1

1. je dormirais
2. il rangerait
3. nous annoncerions
4. tu parlerais
5. elle sortirait
6. tu t'amuserais
7. on aimerait
8. ils s'arrêteraient
9. elles partiraient
10. vous raconteriez

2

1. Je voudrais une glace s'il vous plaît.
2. Et toi, tu saurais la traduire ?
3. On aimerait vous poser quelques questions. Est-ce que vous seriez d'accord ?
4. Excusez-moi, monsieur, est-ce que vous pourriez me dire où se trouve le laboratoire d'analyses ?
5. Bonjour, madame. Nous voudrions prendre rendez-vous avec le docteur Gaumont.
6. Est-ce que vous auriez une chambre avec salle de bains pour deux personnes ?

3

a)
1. Ratschlag
2. Wunsch
3. Möglichkeit
4. Vermutung
5. Ratschlag
6. Bitte

b)
1. Pourriez-vous m'aider ?
2. A votre place, je ferais un stage.
3. Le chef aurait peut-être le temps de vous parler.
4. Je voudrais/J'aimerais aller au cinéma avec toi.
5. Nous pourrions passer une belle soirée.

4

a)

C	O	N	O	S	I	A	C	O	N	N	A	I	S	S	E	Z
A	O	N	C	A	S	C	O	N	N	A	I	T	R	A	I	S
S	A	I	R	O	C	O	N	N	A	I	T	R	O	N	S	E
S	A	O	C	C	O	N	N	A	I	S	S	A	I	S	O	T
C	U	T	C	O	N	N	A	I	S	S	O	N	S	N	U	S
I	U	C	O	N	N	A	I	T	R	I	O	N	S	S	O	P
A	C	O	N	N	A	I	S	S	I	E	Z	C	N	A	N	O
C	O	N	N	A	I	T	R	A	S	F	O	L	O	I	C	S
I	U	N	U	I	S	R	G	C	O	S	I	E	Z	C	O	V
C	O	A	B	T	F	A	U	C	O	N	N	A	I	T	R	E
O	C	I	R	R	I	I	M	E	X	B	I	H	A	S	I	T
S	A	T	I	A	S	T	I	L	I	E	R	O	Z	C	O	N

b) **Waagerecht:** connaîtrais, connaîtrons, connaîtrions, connaîtras, connaître

Senkrecht: connaît, connaîtra, connaîtrait

c) Ein accent circonflexe muss gesetzt werden, wenn dem i ein t folgt.

5

1. Oui, parlez-lui/parle-lui.
2. Non, ne lui répondez pas/ne lui réponds pas.
3. Oui, attendez-moi à l'entrée.
4. Mettez-les/mets-les dans mon sac.
5. Non, ne la prenez pas…
6. Oui, rangez-les.
7. Oui, baignez-vous/baigne-toi. L'eau est bonne.
8. Non, ne le mangez pas/ne le mange pas.

6

7

1. les urgences/le SAMU
2. ambulance
3. hôpital
4. cachet
5. les honoraires
6. une consultation à domicile
7. infirmière
8. malaise

8

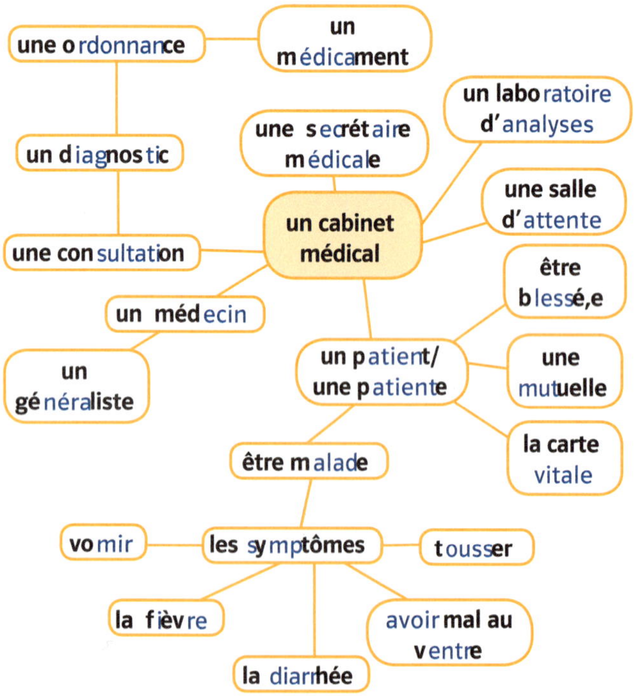

9 a) C

b)

1. 4
2. 7
3. 12
4. 15
5. 2
6. 8
7. 3
8. 6
9. 9
10. 14
11. 5
12. 1
13. 10
14. 13
15. 16
16. 11

10 a)

	Un/une dentiste	Un/une généraliste	Un/une infirmier, ère	un hôpital
Sandrine Delgado			X	
Virginie Renaud	X			
Marc Dufour		X		
David Mercier		X		
Saint-Joseph				X
Pascal Vernet	X			
Nathalie Mercier			X	
Vincent Robinet	X			
Axel Roux		X		

b) 3; 4; 1; 5; 2

11 b)

1. C'est un article de journal.
2. Il parle des choix de six personnes qui travaillent dans le secteur de la santé.
3. Les six personnes répondent à la question : Pourquoi est-ce que vous avez choisi de travailler dans le secteur de la santé ? / Pourquoi est-ce que vous avez choisi un métier de la santé ?
4. Qu'est-ce que vous n'aimez pas dans le métier que vous avez choisi ?
   Qu'est-ce qui est le plus dur ? Est-ce que vous pensez que vous changerez de métier un jour ?
   Est-ce qu'il est facile de faire un métier de la santé et d'avoir une famille ?

c)

	Camille	Valérie	Loïc	Max	Zoé	Laura
1.	X					
2.					X	
3.		X				
4.	X				X	
5.						X
6.				X		
7.	X				X	
8.			X		X	
9.		X				
10.			X			

Leçon 7

1
1. J'en reviens à vélo.
2. Non, je n'en fais pas.
3. Oui, j'en parle très souvent avec eux.
4. Oui, j'en ai pris cinq.
5. Nous en sommes rentrés à huit heures du soir.
6. Non, on n'en a pas besoin.

2
1. Oui, j'y pense encore.
2. Non, elles n'y ont pas participé.
3. Non, il n'y habite plus.
4. Bien sûr, j'y réponds bientôt.
5. Non, je ne vais pas y assister.
6. Non, je n'y resterai pas tout le temps.

3
Maxime : Tu travailles maintenant chez Eulogs SA ?
Serge : Oui, j'y travaille depuis un an. C'est une entreprise qui a beaucoup de succès. Il faut en profiter. Tu pourrais y travailler aussi si tu voulais. Beaucoup de jeunes chauffeurs-routiers comme toi y commencent leur vie professionnelle. Hier encore, on en a embauché deux.
Maxime : Pourquoi pas ? Je n'y ai pas encore pensé. Mais je dois d'abord en parler à mes parents et leur expliquer ce qu'on y transporte.
Serge : Ah, je comprends. Tu as peur de transporter des déchets chimiques ? Il ne faut pas s'en inquiéter : on n'en transporte pas. On transporte surtout des pièces pour Airbus à Toulouse.
Maxime : Vous allez aussi en Allemagne ?
Serge : Oui, on y va tous les jours. Nous en ramenons des pièces électroniques. C'est notre spécialité.
Maxime : Qui s'occupe de la logistique ? C'est toi ?
Serge : Non, je ne m'en occupe pas. C'est madame Dufour qui en est responsable. Moi, je suis technicien.

4
1. gratuitement
2. seulement
3. simplement
4. directement
5. régulièrement
6. sûrement
7. traditionellement
8. finalement
9. correctement

5 1. Un technicien et sa copine regardent un gros camion.
2. Elle : Tu veux vraiment acheter ce vieux camion ?
3. Lui : Mais oui ! Je suis sûr que je vais pouvoir le réparer. Je vais rapidement en faire un camping-car parfait.
4. Elle : Tu es totalement fou !
5. Lui : Ecoute, j'ai envie d'appeler tout simplement le propriétaire. Si je travaille bien , nous pourrons faire notre premier tour en camping-car la semaine prochaine.
6. Elle : Prends vraiment ton temps pour parler avec lui et avoir un bon prix.

6 1. Heureusement Marc s'est réveillé assez tôt.
2. D'abord il a rencontré ses collègues devant le camion.
3. Puis ils ont réparé un voyant.
4. Après Marc a fait le plein .
5. deux collègues ont rapidement chargé rapidement le camion.
6. ils étaient vraiment en forme !
7. Marc a souvent fait la ligne Paris - Bordeaux.

7

	V	Adj.	Adv.	S
1. Il trouve facilement une solution./Il trouve une solution facilement.	X			
2. Il est vraiment sympa.		X		
3. Il rentre très tard à la maison./Il rentre à la maison très tard.			X	
4. Heureusement, il peut se reposer le week-end.				X

8 1. Yann a quitté son bureau pour parler à son chef.
2. Marc traverse souvent des très belles villes sans pouvoir les visiter.
3. Après avoir fait le plein, le chauffeur-routier reprend la route.
4. Avant d'envoyer un devis, François a noté les coordonnées du client.

9 1. Après avoir mangé, Paul et Marie sont allés au cinéma.
2. Yannick a acheté une voiture sans avoir roulé avec.
3. Je vais à la mer pour me baigner.
4. Avant de rentrer à la maison, Alex fait des courses.

10 1. un professionnel/une professionnelle
2. référence
3. un/une secrétaire
4. l'habitude
5. fruits de mer
6. entrepôt/un quai de déchargement
7. volant
8. une panne
9. chaîne du froid
10. un restaurateur/une restauratrice

11

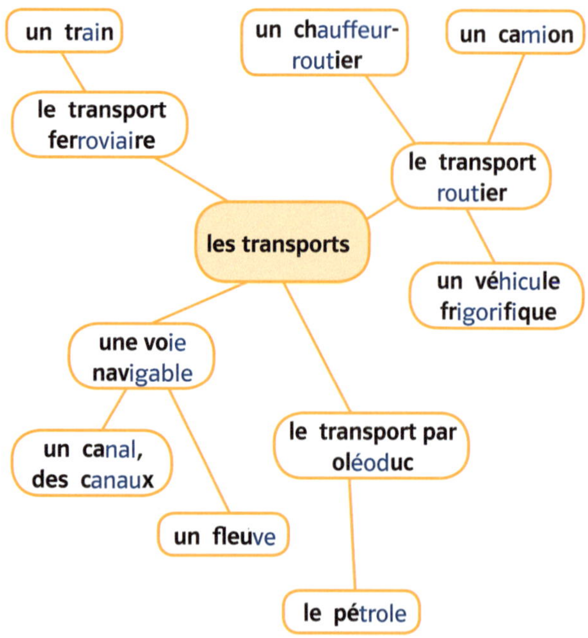

12

	Céline	Jo	Laura
1.			X
2.	X	X	
3.	X		
4.		X	
5.		X	
6.	X		
7.			X
8.			X
9.		X	
10.	X		
11.			X
12.		X	

13 a)

1. Il cherche du travail dans le secteur du transport.
2. Il est intéressé par le service logistique de l'entreprise de Jacques Trévidic.
3. Il a appris le métier quand il a travaillé en Afrique avec des médecins.
4. Pour lui, son métier, c'est de se débrouiller quand il y a des problèmes.
5. Il commencera à travailler dans l'entreprise de Jacques Trévidic dans une semaine.
6. Ses horaires de travail ne seront pas faciles : il devra travailler tôt le matin et tard le soir.
7. Il devra aussi travailler avec une équipe.

1. Il déteste être en retard.
2. Il pense que,dans le secteur du transport, on doit faire attention aux horaires.
3. Il cherche un homme ou une femme pour son service logistique.
4. L'activité logistique occupe une part importante du travail de son entreprise.
5. Il trouve que le profil de Jean Martin est très intéressant.
6. Son entreprise s'occupe du transport de marchandises en Europe par train, bateau ou camion.
7. Il a donné les papiers de Jean à sa secrétaire.

14 a)

	V	F	?
1.	X		
2.			X
3.	X		
4.		X	
5.		X	
6.	X		
7.		X	

b)
1. Emmanuel est un jeune homme de 30 ans.
2. Il a trouvé un travail intéressant et il va venir habiter dans cette ville.
3. C'est la ville de la famille de son père. Il y passait ses vacances d'été quand il était enfant.
4. Il va devoir quitter Paris.
5. Oui, elle n'a pas beaucoup changé. Elle est toujours grande et mince. Mais, aujourd'hui, elle porte les cheveux longs.
6. Elle travaille pour l'entreprise de construction de bateaux qu'elle a avec son mari.
7. Il lui demande cela parce qu'elle lui pose rapidement plusieurs questions.

Leçon 8

1
1. Ouvrez toutes les fenêtres !
2. Marie offre deux CD à son copain.
3. Paul et Anne ouvriront un café dans deux semaines.
4. Hier, j'ai découvert un restaurant sympa.
5. On m'offre un très bon poste.
6. Tu as ouvert mes fichiers ?
7. Découvrons la ville ensemble !
8. Je t'offrirais un voyage. Mais je n'a pas d'argent.

2
1. Gérard travaille très bien.
2. Sa fille travaille mieux.
3. Elle lit énormément.
4. Elle est constamment dans son bureau.
5. Elle explique brièvement ce qu'il faut faire.
6. Elle prépare intelligemment tous les dossiers.
7. Hier, elle a proposé gentiment son aide à ses collègues.
8. Elle réagit différemment des autres.

3
1. Monsieur Delalande a demandé aux jeunes s'ils avaient fait bon voyage.
2. Madame Delalande a dit que sa fille reprendrait leur domaine.
3. Lucie voulait savoir si Julian aimait le vin français.
4. Julian a demandé à Lucie si elle avait envie de faire une dégustation à Wöllstein.
5. Luka a dit qu'il reviendrait l'année prochaine.
6. Madame Delalande a demandé aux jeunes s'ils connaissaient déjà la région.
7. Tim a expliqué qu'il passait toutes les vacances d'été en Italie.
8. Lucie a dit à Julian qu'elle pourrait l'aider à trouver un studio.
9. Julian pensait qu'il était temps d'inviter Lucie au restaurant.
10. Monsieur Delalande a dit à sa femme que Julian lui avait proposé d'acheter un nouvel ordinateur.

4
1. Tim a écrit qu'il faisait très beau là-bas.
2. Lucie a dit qu'elle partirait le lendemain.
3. Julian a expliqué qu'il n'était pas du tout en forme ce jour-là.
4. Luka a demandé à Tim s'il avait mangé des huîtres la veille.

5
1. Allez-vous à la mer ?
2. Comment lui a-t-elle expliqué ce problème ?
3. Où as-tu/avez-vous acheté cet ordinateur ?
4. Comment êtes-vous arrivés ?
5. Pourquoi ne peut-il pas vous aider ?
6. Se lève-t-elle très tôt ?
7. N'as-tu/N'avez-vous pas faim ?
8. Comment s'habille-t-elle ?
9. L'appellera-t-il ?

6
1. Qu'est-ce que vous avez fait hier ?
2. Qu'est-ce qui ne te plaît pas ?
3. Qu'est-ce que vous préférez ?
4. Qu'est-ce qui vous intéresse ?

7
1. En France, on mange plus tard qu'en Allemagne.
2. Normalement, un repas français dure plus longtemps qu'un repas allemand.
3. A Wöllstein, on s'amuse autant qu'à Barsac.
4. Tim connaît la France moins bien que l'Italie.
5. Maintenant, il va en France aussi souvent que possible.
6. Le nouvel ordinateur fonctionne mieux que l'ancien.
7. Lucie réagit le mieux de tous.
8. Luka répond le plus lentement aux questions.

8
1. Julian cherche un logement.
2. D'abord, il lit des annonces.
3. Puis il contacte une agence immobilière.
4. Après, il visite des appartements.
5. Finalement, il loue un beau studio.

9
1. bilingue
2. sa candidature
3. une panne
4. prospecter le marché
5. à temps partiel
6. un employeur
7. carte d'identité
8. approuve
9. une connexion Internet

10 a) 1. C'est une émission de Radio-Arcachon.
2. Les garçons sont venus dans la région d'Arcachon pour travailler.

b)

	Tobias	Mark	Juan
1.	X	X	
2.			X
3.			X
4.			X
5.		X	X
6.	X		
7.		X	
8.			X
9.			X
10.	X		
11.		X	
12.		X	
13.	X		
14.		X	

11 a) 1. Il fait un sondage.
2. Il se trouve dans la rue à côté de la gare.
3. Il demande : Quand je vous dis « vacances en France », à quoi est-ce que vous pensez ?
4. Six personnes répondent à sa question.

b)

Pers.	H	F	Où passe-t-il/elle ses vacances ?	Où rêve-t-il/elle d'aller en vacances ?
n°1	X		Il ne passe jamais ses vacances en France. Il préfère aller en Espagne, en Italie ou au Maroc.	On ne sait pas.
n°2		X	Elle adore aller en Corse ou en Alsace. Elle va aussi une fois par an à Paris.	On ne sait pas.
n°3		X	Elle va chez ses grands-parents à la campagne.	On ne sait pas.
n°4	X		Il part avec ses parents dans d'autres pays.	Il rêve de visiter la France.
n°5	X		On ne sait pas.	On ne sait pas.
n°6		X	Elle passe ses vacances en France.	On ne sait pas.
n°7	X		Il passe ses vacances chez lui.	Il passe des vacances de rêve chez lui.

12 b) 1. Martin est un jeune Allemand qui va travailler en France.
2. Il pense habiter chez ses parents.
3. Martin commence à travailler dans moins d'un mois.
4. L' e-mail de Martin étonne Juliette parce qu'il ne lui avait pas écrit depuis longtemps.
5. Juliette répond à Martin qu'il n'y a plus de place dans la maison.

13 1. Ce sont des articles de journaux.
2. Les deux articles parlent des entreprises allemandes en France. Le premier dit que les entreprises allemandes sont satisfaites d'être en France. Le second explique que l'Allemagne est le pays qui investit le plus en France.
3. Pour les entreprises allemandes, il faut faire attention à la mentalité du pays et au service qu'on donne aux clients.
4. Elles n'aiment pas le rôle que jouent les syndicats en France.
5. Les entreprises allemandes ont beaucoup investi dans le secteur des énergies renouvelables.

	Seite	Lerninhalte	Track
L 1	S. 13, ex. 9	Hören und verstehen	1
	S. 14, ex. 10	Hören und schreiben	5
L 2	S. 22, ex. 9	Hören und verstehen	6
	S. 23, ex. 10	Hören und schreiben	7
L 3	S. 32, ex. 10	Hören und schreiben	8
	S. 32, ex. 11	Hören und verstehen	9
L 4	S. 42, ex. 10	Hören und verstehen	13
	S. 43, ex. 11	Hören und schreiben	18
L 5	S. 53, ex. 11	Hören und verstehen (1)	19
	S. 53, ex. 12	Hören und verstehen (2)	20
	S. 54, ex. 13	Hören und schreiben	21
L 6	S. 62, ex. 9	Hören und verstehen	22
	S. 63, ex. 10	Hören, verstehen, lesen	23
L 7	S. 73, ex. 12	Hören und verstehen	28
	S. 73, ex. 13	Hören und schreiben	31
L 8	S. 83, ex. 10	Hören und verstehen	33
	S. 84, ex. 11	Hören und schreiben	38

Spieldauer 38:39 Minuten.

Aufnahmeleitung: Sonia Blin
Aufnahme: Bauer Studios GmbH, Ludwigsburg
Presswerk: Osswald GmbH & Co., Leinfelden-Echterdingen
Sprecherinnen und Sprecher: Frédéric Auvrai, Bernd Binkle, Mark Borrill, Florence Canette, Gilles Floret, Anne-Sophie Guirlet-Klotz, Philippe Heck, Nathalie Karanfilovic, Matthieu Petitmangin, Marcelo Jose Rodriguez Bohorquez, Amelie Schwarzer, Christine Séguret, Régis Titeca